HENRY BRIGHTON &
HOWARD SELINA

ENTENDENDO: INTELIGÊNCIA ARTIFICIAL

Entendendo é uma premiada coleção de livros ilustrados sobre os pensadores e os temas mais importantes da história. Aborda teorias fundamentais de diversos campos de estudo, tais como filosofia, psicologia, ciências, política, religião, estudos culturais e linguística. Cada livro é escrito por um reconhecido especialista do assunto e ilustrado por um artista gráfico. De forma agradável, a coleção oferece informações úteis e objetivas para leitores que tanto buscam um primeiro contato, como desejam adquirir um conhecimento conciso sobre o assunto.

TRADUÇÃO: LEILA KOMMERS

LeYa

IA COMO UMA CIÊNCIA EMPÍRICA

Inteligência Artificial é um projeto enorme. **Marvin Minsky** (n. 1927); um dos fundadores da IA, argumenta: "A questão da IA é uma das mais difíceis que a ciência já empreendeu". **A IA tem um pé na ciência e** outro na engenharia.

NA SUA FORMA MAIS EXTREMA, CONHECIDA COMO **IA FORTE**, A META É CONSTRUIR UMA MÁQUINA CAPAZ DE PENSAR, TER CONSCIÊNCIA E SENTIR EMOÇÕES. ESSA VISÃO SUSTENTA QUE OS HUMANOS NÃO SÃO NADA ALÉM DE COMPUTADORES COMPLEXOS.
IA FRACA É MENOS AUDACIOSA.

O objetivo da IA Fraca é desenvolver teorias de inteligência humana e animal e testá-las, construindo modelos de trabalho, normalmente na forma de programas de computador ou de robôs.

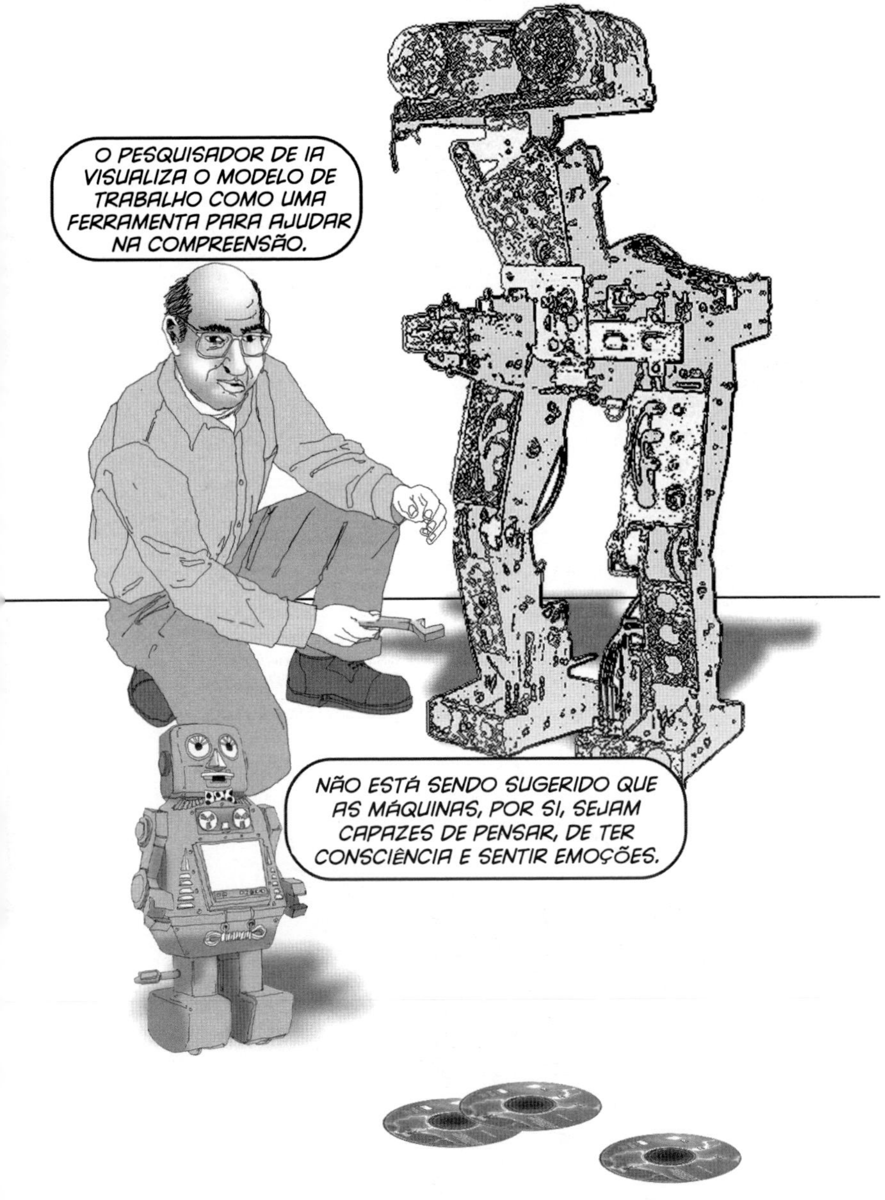
O PESQUISADOR DE IA VISUALIZA O MODELO DE TRABALHO COMO UMA FERRAMENTA PARA AJUDAR NA COMPREENSÃO.
NÃO ESTÁ SENDO SUGERIDO QUE AS MÁQUINAS, POR SI, SEJAM CAPAZES DE PENSAR, DE TER CONSCIÊNCIA E SENTIR EMOÇÕES.

Assim, para IA Fraca, o modelo é uma ferramenta útil para compreender a mente; para IA Forte, o modelo é uma mente.

ENGENHARIA DE IA ALIENÍGENA

A IA também pretende construir máquinas que não são necessariamente baseadas na inteligência humana ou animal.

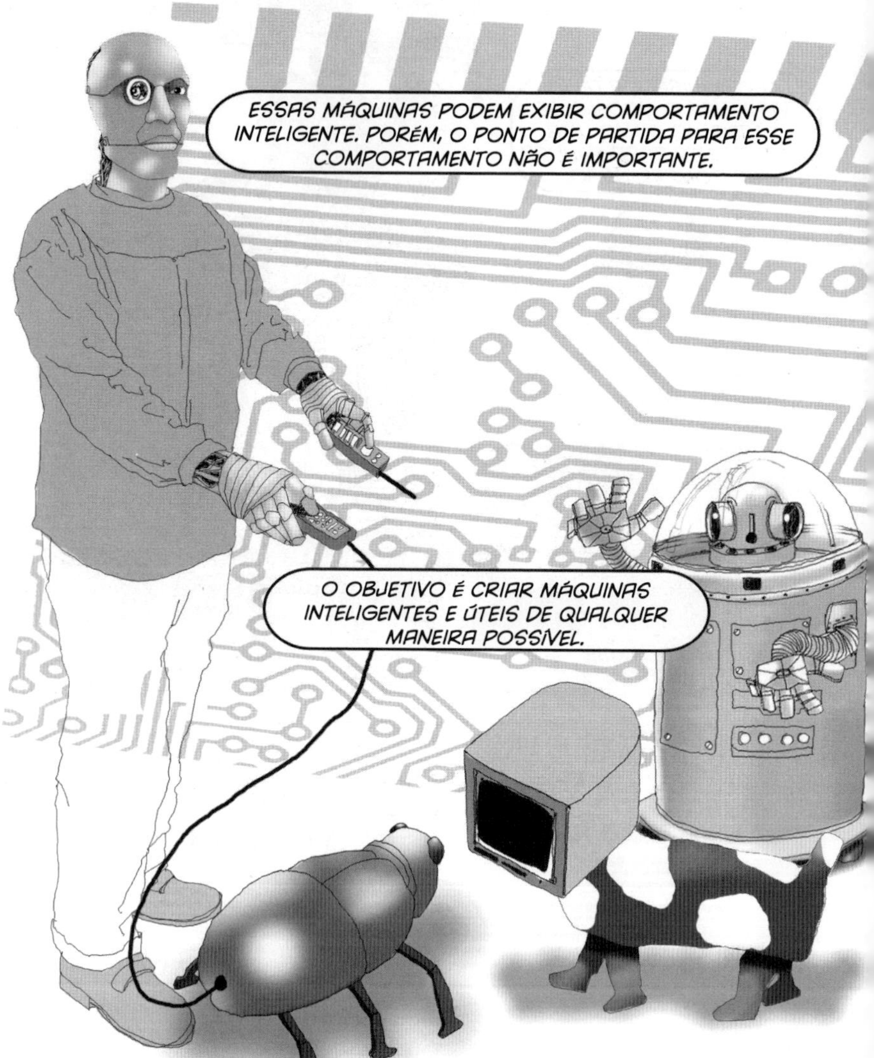
ESSAS MÁQUINAS PODEM EXIBIR COMPORTAMENTO INTELIGENTE. PORÉM, O PONTO DE PARTIDA PARA ESSE COMPORTAMENTO NÃO É IMPORTANTE.
O OBJETIVO É CRIAR MÁQUINAS INTELIGENTES E ÚTEIS DE QUALQUER MANEIRA POSSÍVEL.

Como os mecanismos que sustentam esses sistemas não têm a intenção de assemelhar-se aos mecanismos que sustentam a inteligência humana, essa abordagem à IA é, às vezes, chamada de *IA Alienígena.*

RESOLVENDO A QUESTÃO DA IA

Assim, para alguns, resolver a questão da IA significaria encontrar uma maneira de construir máquinas com capacidades equivalentes, ou superiores, às encontradas em humanos.

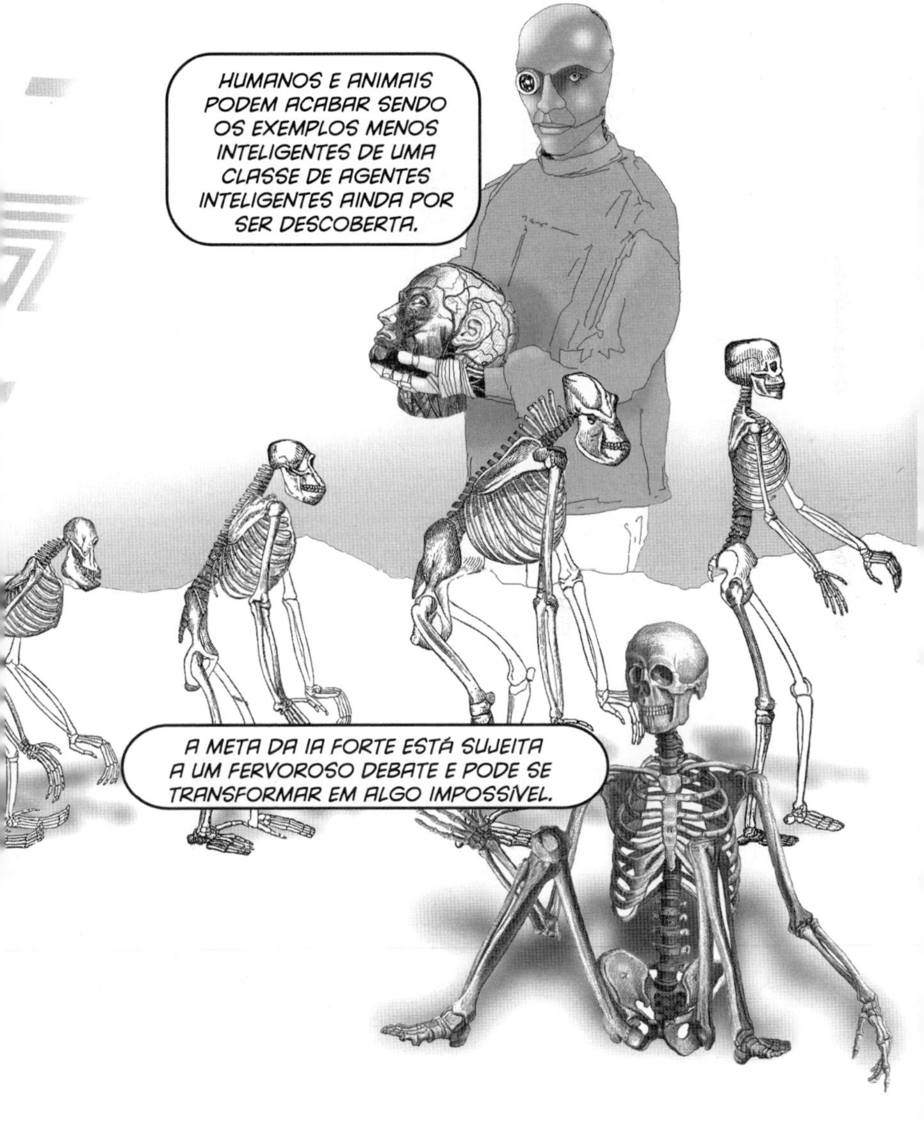

HUMANOS E ANIMAIS PODEM ACABAR SENDO OS EXEMPLOS MENOS INTELIGENTES DE UMA CLASSE DE AGENTES INTELIGENTES AINDA POR SER DESCOBERTA.
A META DA IA FORTE ESTÁ SUJEITA A UM FERVOROSO DEBATE E PODE SE TRANSFORMAR EM ALGO IMPOSSÍVEL.

Mas, para a maioria dos pesquisadores que trabalha com IA, o resultado do debate da IA Forte tem pouca consequência direta.

AMBIÇÃO DENTRO DOS LIMITES

IA, em sua forma fraca, preocupa-se mais com o grau com que conseguimos explicar os mecanismos que sustentam o comportamento humano ou animal.

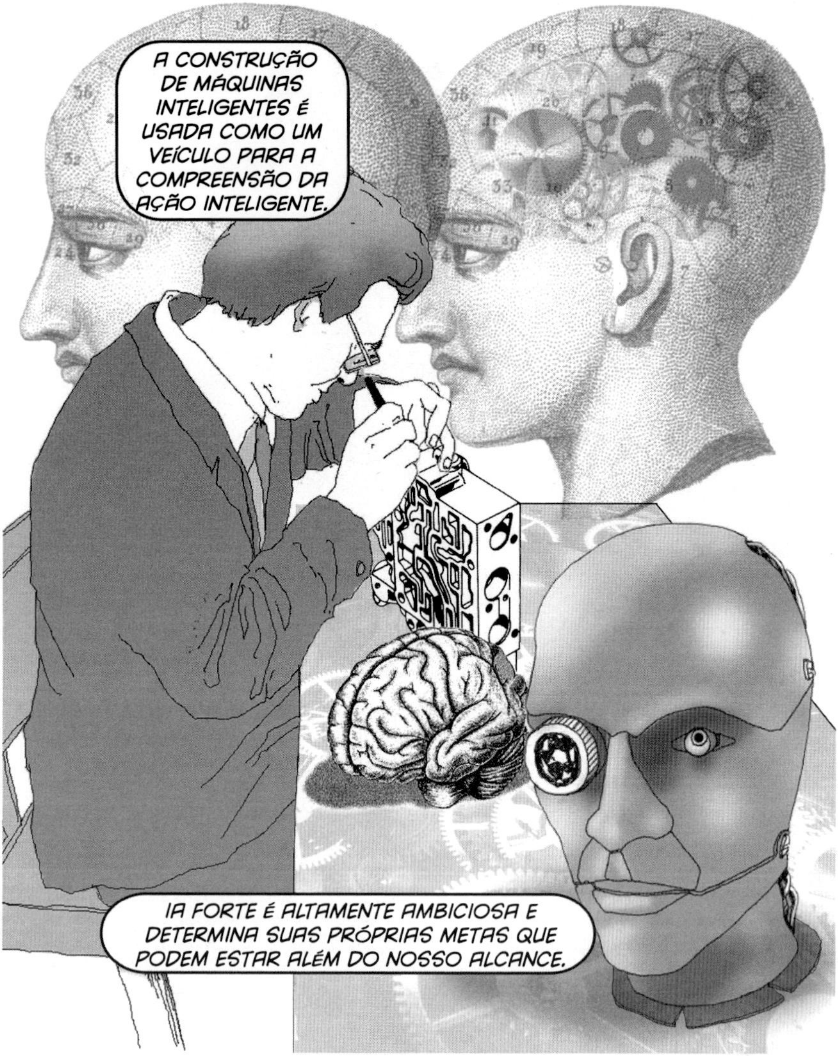
A CONSTRUÇÃO DE MÁQUINAS INTELIGENTES É USADA COMO UM VEÍCULO PARA A COMPREENSÃO DA AÇÃO INTELIGENTE.
IA FORTE É ALTAMENTE AMBICIOSA E DETERMINA SUAS PRÓPRIAS METAS QUE PODEM ESTAR ALÉM DO NOSSO ALCANCE.

A posição forte pode ser contrastada com a meta mais ampla e cautelosa das máquinas inteligentes de engenharia, que já é uma abordagem estabelecida e comprovada por projetos bem-sucedidos de engenharia.

LEVANDO A IA AO LIMITE

Imortalidade e transumanismo

"Não podemos frear a IA da mesma forma que o homem primitivo não teria como suprimir a propagação da fala" – Doug Lenat e Edward Feigenbaum.

Se supormos que IA Forte é uma possibilidade real, várias questões fundamentais surgirão.

IMAGINE-SE SENDO CAPAZ DE SAIR DO CORPO E TRANSFERIR SUA VIDA MENTAL PARA UMA MÁQUINA, CUJAS PERSPECTIVAS A LONGO PRAZO SÃO MELHORES DO QUE O CORPO ORGÂNICO EM CONSTANTE ENVELHECIMENTO EM QUE VOCÊ HABITA.
ESSA POSSIBILIDADE É CONSIDERADA PELOS TRANSUMANISTAS E PELOS EXTROPIANOS.

A questão que a IA Forte se propõe a resolver deve elucidar essa possibilidade. A teoria da IA Forte é de que o pensamento e as outras características mentais não estão inextricavelmente ligados aos nossos corpos orgânicos. Isso torna possível a imortalidade, pois a vida mental de uma pessoa poderia existir em uma plataforma mais robusta.

INTELIGÊNCIA SUPER-HUMANA

Talvez nossa capacidade intelectual esteja limitada pelo *design* de nosso cérebro. Nossa estrutura cerebral está em evolução há milhões de anos. Não há nenhuma razão para supor que não pode evoluir ainda mais, seja através de uma evolução biológica, ou como resultado da intervenção humana através da engenharia. As tarefas que nosso cérebro desempenha são surpreendentes quando consideramos que a máquina da qual é feito é muito lenta em comparação com os componentes elétricos baratos que compõem um computador moderno.

CÉREBROS CONSTRUÍDOS A PARTIR DE MÁQUINAS AVANÇADAS PODERIAM RESULTAR EM "INTELIGÊNCIA SUPER-HUMANA".
PARA ALGUNS, ESSA É UMA DAS METAS DA IA.

DISCIPLINAS ADJACENTES

"Certum quod factum." [Só podemos conhecer aquilo que construímos] – **Giambattista Vico** (1668-1744)

O que separa a IA das outras tentativas de entender os mecanismos por trás da cognição humana e animal é que a IA tem por objetivo acumular entendimento com a construção de modelos de trabalho. Por meio da construção sintética de modelos de trabalho, a IA pode testar e desenvolver teorias de ação inteligente.

AS GRANDES QUESTÕES DOS "PROCESSOS MENTAIS" ABORDADAS PELA IA ESTÃO LIGADAS A UMA SÉRIE DE DISCIPLINAS - PSICOLOGIA, FILOSOFIA, LINGUÍSTICA E NEUROCIÊNCIA.
A META DA IA PARA A CONSTRUÇÃO DE MÁQUINAS É SUSTENTADA POR LÓGICA, MATEMÁTICA E CIÊNCIA DA COMPUTAÇÃO.
UMA DESCOBERTA SIGNIFICATIVA EM QUALQUER UMA DESSAS DISCIPLINAS PODERIA TER IMPACTO NO DESENVOLVIMENTO DE IA.

IA E PSICOLOGIA

Os objetivos da IA e da psicologia se sobrepõem. As duas buscam compreender os processos mentais que sustentam o comportamento humano e animal. No final dos anos 1950, psicólogos começaram a abandonar a ideia de que o behaviorismo era o único caminho científico para compreender os humanos.

O cão de Pavlov
OS BEHAVIORISTAS ACREDITAM QUE AS EXPLICAÇÕES PARA O COMPORTAMENTO HUMANO E ANIMAL NÃO DEVEM RECORRER ÀS "ENTIDADES MENTAIS" NÃO OBSERVADAS, E, SIM, CONCENTRAR-SE NAQUILO DE QUE PODEMOS TER CERTEZA: **OBSERVAÇÕES DE COMPORTAMENTO.**
EM VEZ DE RESTRINGIR O OBJETO DE ESTUDO PARA RELAÇÕES ESTÍMULO-RESPOSTA, AQUELES QUE ABANDONARAM O BEHAVIORISMO COMEÇARAM A CONSIDERAR PROCESSOS "MENTALÍSTICOS" INTERNOS, TAIS COMO MEMÓRIA, APRENDIZADO E RACIOCÍNIO, COMO UM CONJUNTO VÁLIDO DE CONCEITOS PARA EXPLICAR POR QUE HUMANOS AGEM COM INTELIGÊNCIA.

PSICOLOGIA COGNITIVA

Mais ou menos na mesma época, a ideia de que o computador pudesse atuar como um modelo de pensamento estava ganhando popularidade. A união desses dois conceitos naturalmente sugere uma abordagem à psicologia baseada em uma teoria computacional da mente.

EM 1957, HERBERT SIMON (1916-2001), UM PIONEIRO EM IA, FEZ UMA PREVISÃO...
...QUE DENTRO DE 10 ANOS, AS TEORIAS PSICOLÓGICAS TERIAM A FORMA DE PROGRAMAS DE COMPUTADOR.

No final dos anos 1960, a *psicologia cognitiva* surgiu como uma vertente da psicologia que se ocupava em explicar a função cognitiva nos termos do processamento de informação e que recorria ao computador como uma metáfora para a cognição.

CIÊNCIA COGNITIVA

Está claro que IA e psicologia cognitiva têm muitos interesses em comum.

ISSO NATURALMENTE LEVOU A UMA BUSCA COMUM CONHECIDA COMO **CIÊNCIA COGNITIVA.**
IA CONVIVE COM PSICOLOGIA COGNITIVA NO CENTRO DE UMA ABORDAGEM INTERDISCIPLINAR PARA A COMPREENSÃO DA ATIVIDADE INTELIGENTE.
OS CONCEITOS DESTE LIVRO ENQUADRAM-SE, PORTANTO, JUSTAMENTE NA ÁREA DE ATUAÇÃO DA CIÊNCIA COGNITIVA, ASSIM COMO NA IA.

IA E FILOSOFIA

Algumas das perguntas fundamentais feitas pela IA são a grande dificuldade dos filósofos há milhares de anos. IA talvez seja única entre as ciências. Tem uma relação íntima e recíproca com a filosofia.

EM UM ESTUDO, PERGUNTARAM A PESQUISADORES DE IA A QUE DISCIPLINA SE SENTIAM MAIS INTIMAMENTE LIGADOS.
A RESPOSTA MAIS FREQUENTE FOI **FILOSOFIA.**

O PROBLEMA MENTE-CORPO

O problema mente-corpo remonta a **René Descartes** (1596-1650), que argumentava que deveria haver uma diferença básica entre o domínio mental e o domínio físico. Para Descartes, o homem estava sozinho na posse de uma faculdade mental – os animais eram meras bestas sem qualquer vida mental.

MAS, NO CASO DO HOMEM, COMO O CORPO FÍSICO PODE SER AFETADO PELOS PROCESSOS QUE OCORREM NO DOMÍNIO MENTAL NÃO FÍSICO?
LA MORTE
ESSE É UM ENIGMA MUITO ANTIGO...

IA imbui as discussões modernas do problema mente-corpo ao propor a *metáfora do computador*, que traça um paralelo entre a relação dos programas com os computadores e das mentes com os cérebros.

OS PROGRAMAS DE COMPUTADOR, ASSIM COMO AS MENTES, NÃO TÊM MASSA FÍSICA, EMBORA, EVIDENTEMENTE, TENHAM UMA LIGAÇÃO CAUSAL COM O COMPUTADOR FÍSICO QUE EXECUTA O PROGRAMA
DE MODO SEMELHANTE, NOSSA MENTE PODE AFETAR NOSSO CORPO.
OS PROGRAMAS DE COMPUTADOR PRECISAM DE UM COMPUTADOR PARA SE MANIFESTAR, DA MESMA FORMA QUE A MENTE PRECISA DE UM CÉREBRO.

ONTOLOGIA E HERMENÊUTICA

As tentativas de equipar máquinas com conhecimento requerem alguém que faça *suposições ontológicas*. A ontologia é uma vertente da filosofia que se preocupa com os tipos de coisas que existem. Os projetos de IA, que duram dezenas de anos, tentam condensar o conhecimento do bom senso para os computadores.

PARA ISSO, OS ENGENHEIROS PRECISAM DECIDIR SOBRE O "TIPO DE COISA" QUE UMA MÁQUINA DEVE SABER PARA QUE FAÇA SENTIDO AO MUNDO.
AS IDEIAS QUE SE ORIGINAM DA VERTENTE DA FILOSOFIA CONTINENTAL, CONHECIDA COMO HERMENÊUTICA, CRITICARAM VEEMENTEMENTE A PRÓPRIA POSSIBILIDADE DE FORMALIZAR OS PROCESSOS MENTAIS DESSA MANEIRA...

Mas, recentemente, essas críticas moldaram novas abordagens para analisar a cognição e tiveram uma influência positiva sobre a IA. Voltaremos a isso mais adiante.

UM COMEÇO POSITIVO

O termo Inteligência Artificial foi cunhado em uma pequena conferência no Dartmouth College, em New Hampshire, EUA, em 1956. Alguns de seus principais membros reuniram-se para discutir a seguinte hipótese...

Herbert Simon
John McCarthy
Claude Shannon
"Todo aspecto do aprendizado, ou qualquer outra característica da inteligência, pode, a princípio, ser descrito com tanta precisão que uma máquina pode ser criada para estimulá-lo."
Allen Newell
Marvin Minsky

Essa hipótese tem sido submetida a intensas pesquisas desde então. Muitos daqueles que participaram da conferência passaram a ser essenciais ao estudo de IA.

OTIMISMO E DECLARAÇÕES OUSADAS

A conferência de Dartmouth durou dois meses. Dois participantes em particular, Allen Newell e Herbert Simon, provocaram muita discussão ao declarar...

INVENTAMOS UM PROGRAMA DE COMPUTADOR CAPAZ DE PENSAR DE FORMA NÃO NUMÉRICA...
E, ASSIM, SOLUCIONAMOS O VENERÁVEL PROBLEMA MENTE-CORPO.
ESSA FOI, TALVEZ, A PRIMEIRA DE UMA LONGA LISTA DE AFIRMAÇÕES OUSADAS E ENTUSIASMADAS QUE MACULAM A HISTÓRIA DO IA.

IA sempre suscitou grande interesse. A possibilidade de máquinas que pensam é um sustentáculo da ficção científica. Isso é, em parte, resultado de nosso fascínio aos limites da tecnologia e, em parte, devido aos pesquisadores entusiásticos de IA.

Uma crítica comum à IA é sua autopublicidade desavergonhada, como reclamou T. Roszak na revista New Scientist em 1986: *"O registro de IA de engano público descarado não tem paralelos nos anais dos estudos acadêmicos".*

EM 1957, HERBERT SIMON ARGUMENTOU QUE AS MÁQUINAS PODIAM PENSAR...

NÃO TENHO INTENÇÃO DE CAUSAR-LHE SURPRESA OU CHOQUE, MAS EXISTEM MÁQUINAS NO MUNDO, HOJE, QUE PODEM PENSAR, APRENDER E CRIAR.

Essa declaração ainda é duvidosa, quase cinquenta anos depois. As máquinas podem realmente pensar? Como veremos mais adiante, esse é um questionamento importante, mas crivado de problemas conceituais. Entretanto, uma defesa consistente pode ser feita em relação à existência de máquinas que *podem* aprender e criar.

INTELIGÊNCIA E COGNIÇÃO

Então, o que exatamente é a inteligência e como decidimos quando algo é artificial ao invés de real? Nenhuma dessas questões admite uma definição precisa, o que torna a Inteligência Artificial um termo infeliz para uma vertente da ciência. No conceito de inteligência, A.S. Reber observou em 1995: *"Poucos conceitos em psicologia receberam tanta atenção e poucos resistiram à classificação de forma tão exaustiva"*.

NO CONTEXTO DA IA, A INTELIGÊNCIA É MAIS BEM ACEITA COM O SIGNIFICADO DE "EXIBINDO COMPORTAMENTO INTERESSANTE".
O COMPORTAMENTO INTERESSANTE PODE SER ENCONTRADO EM FORMIGAS, CUPINS, PEIXES E NA MAIORIA DOS OUTROS ANIMAIS...
MAS ESSES ANIMAIS NÃO SÃO CONSIDERADOS INTELIGENTES NO SENTIDO COMUM DA PALAVRA.
Once upon a time, there were two brown
?!

A INTELIGÊNCIA É A PARTE COMPUTACIONAL DA HABILIDADE DE SE ALCANÇAR METAS NO MUNDO. VÁRIOS TIPOS E GRAUS DE INTELIGÊNCIA OCORREM EM PESSOAS, MUITOS ANIMAIS E ALGUMAS MÁQUINAS.
PORTANTO, HÁ VÁRIOS GRAUS DE INTELIGÊNCIA, COM OS HUMANOS SITUADOS NA EXTREMIDADE DA "ALTA INTELIGÊNCIA" DO ESPECTRO.
Once upon a time, there were two brown rats...
OS HUMANOS, SEM DÚVIDA, EXIBEM MUITOS COMPORTAMENTOS INTERESSANTES QUE NÃO SÃO OBSERVADOS EM OUTROS ORGANISMOS, COMO, POR EXEMPLO, A LÍNGUA.

A relação entre comportamento e inteligência está cheia de problemas. Para ilustrar esses problemas, consideraremos o talvez primeiro marco na robótica autônoma.

MIMETISMO DA VIDA

Durante os anos 1950, em Bristol, sudoeste da Inglaterra, W. Grey Walter foi pioneiro na construção de robôs autônomos. Walter realizou seu influente trabalho muito antes da disponibilidade dos computadores digitais. Ele se interessava por *Cibernética* – o estudo da extensão de possíveis comportamentos de animais e máquinas.

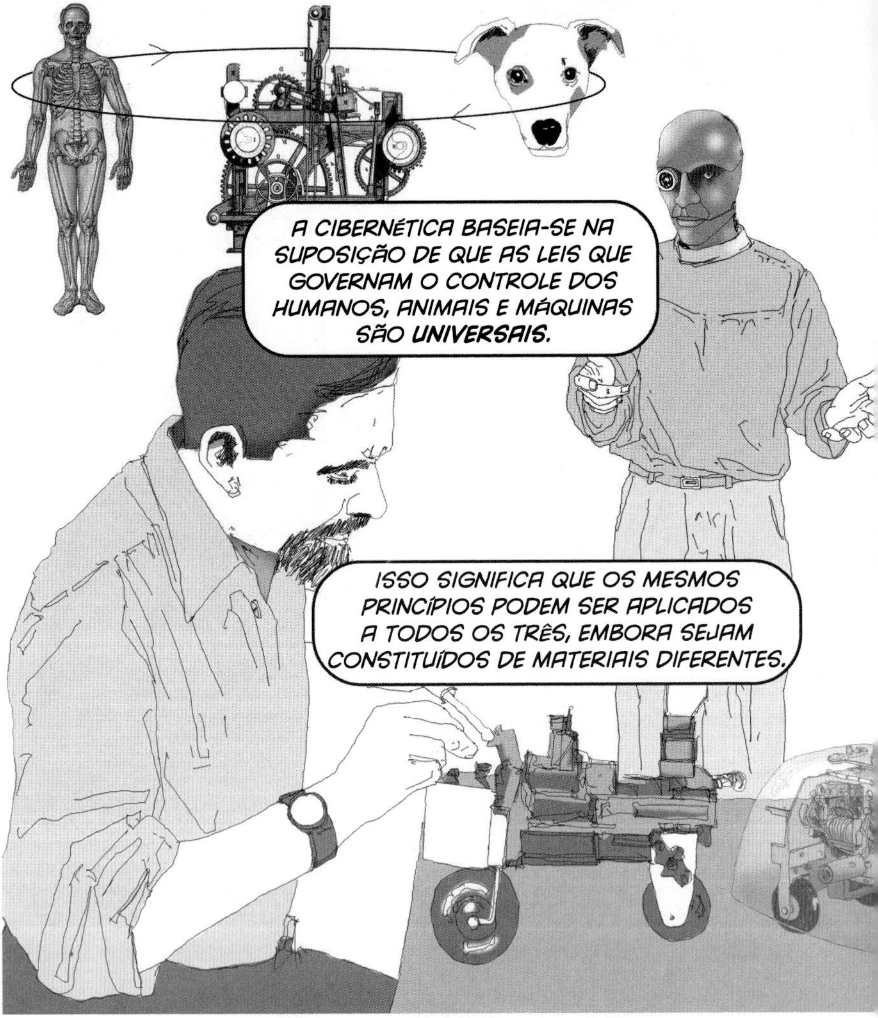

A CIBERNÉTICA BASEIA-SE NA SUPOSIÇÃO DE QUE AS LEIS QUE GOVERNAM O CONTROLE DOS HUMANOS, ANIMAIS E MÁQUINAS SÃO **UNIVERSAIS.**
ISSO SIGNIFICA QUE OS MESMOS PRINCÍPIOS PODEM SER APLICADOS A TODOS OS TRÊS, EMBORA SEJAM CONSTITUÍDOS DE MATERIAIS DIFERENTES.

Walter interessava-se pelo "mimetismo da vida" e construiu robôs que atraem interesse ainda hoje. Usando materiais muito básicos, como rodas dentadas de medidores de gás, Walter construiu uma série de robôs móveis que pareciam tartarugas.

Esses robôs eram autônomos. Não havia intervenção ou controle humano regendo seu comportamento. Os robôs de Walter tinham três rodas e estavam circundados por uma carcaça que atuava como um detector de impacto.

ALÉM DE DETECTAR COLISÕES COM OUTROS OBJETOS, A TARTARUGA TAMBÉM TINHA SENSOR DE LUZ.
FUI CRIADO PARA SER ATRAÍDO PELA LUZ.

Usando dois motores para controlar a roda principal, um para a direção e outro para a propulsão, o robô procurava a luz. Porém, diante de brilho extremo, parte do modelo do robô o fazia desviar da fonte de luz.

COMPORTAMENTO COMPLEXO

Walter relatou que uma de suas criaturas, Elsie, exibia um comportamento imprevisível. Por exemplo, como parte do ambiente de Elsie, Walter introduzia um gabinete contendo uma luz brilhante e uma estação de recarga.

DEPOIS DE MOVER-SE COMO UM ANIMAL, A CARGA DA BATERIA INTEGRADA DE ELSIE DIMINUIRIA E SEU COMPORTAMENTO NORMAL DE EVITAR A LUZ BRILHANTE MUDARIA.
COM A DIMINUIÇÃO DA CARGA DA BATERIA, MINHA SENSIBILIDADE À LUZ DIMINUIRIA.

Ela entraria agora no que parecia ser um gabinete levemente iluminado e seria recarregada. Quando a energia fosse completamente restaurada, a sensibilidade retornaria por completo e Elsie sairia do gabinete e continuaria como antes.

ELSIE É INTELIGENTE?

Pelos padrões modernos, as criaturas de Walter eram muito simples e, no entanto, esclareceram questões que confrontavam a robótica contemporânea ao ilustrar como o comportamento complexo pode originar-se de máquinas simples. Não havia possibilidade de Walter prever o comportamento exato de seus robôs.

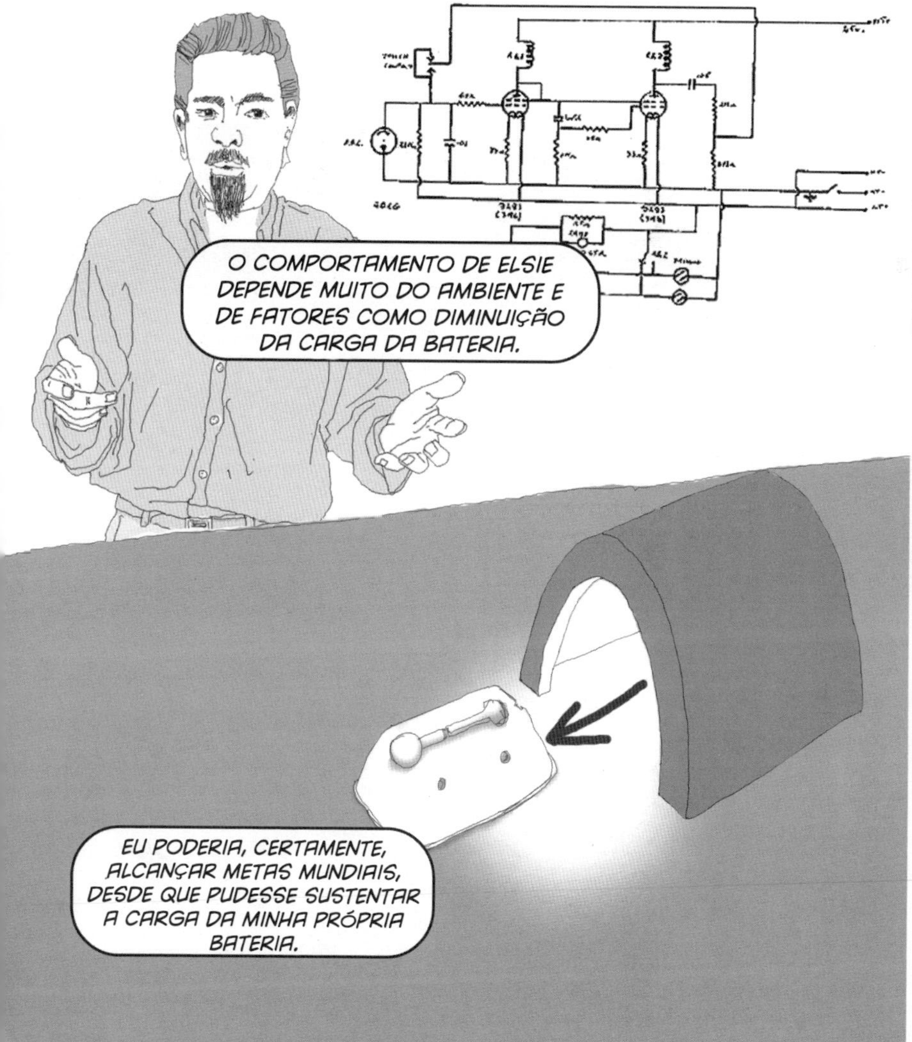
O COMPORTAMENTO DE ELSIE DEPENDE MUITO DO AMBIENTE E DE FATORES COMO DIMINUIÇÃO DA CARGA DA BATERIA.
EU PODERIA, CERTAMENTE, ALCANÇAR METAS MUNDIAIS, DESDE QUE PUDESSE SUSTENTAR A CARGA DA MINHA PRÓPRIA BATERIA.

Porém, as capacidades de Elsie estão muito distantes do que consideramos inteligência "real". Elsie tem muito em comum com o famoso cavalo conhecido como Clever Hans.

CLEVER HANS: UMA HISTÓRIA ADMONITÓRIA

Clever Hans foi um cavalo que ficou famoso por aprender aritmética com seu treinador, Wilhelm von Osten. Hans batia com o casco na reposta correta de um problema, para a surpresa de toda a multidão que o assistia, e era raro cometer um erro. Especialistas científicos apoiavam as declarações de seu treinador: Hans sabia realmente resolver problema de aritmética. Porém, um especialista observou que Hans errava quando o próprio von Osten não sabia a resposta. O truque de Hans foi descoberto.

4+2=6 4-2=2
3+3+2=8
O CAVALO RECEBIA DICAS DE VON OSTEN QUE INDICAVAM QUANDO DEVERIA PARAR DE BATER O CASCO.

Cometer um "erro Clever Hans" significa atribuir erroneamente uma capacidade a um agente, quando, na verdade, a capacidade é fornecida pelo ambiente – nesse caso, um humano aritmeticamente competente.

Aqueles que acreditaram em Clever Hans, relacionaram erroneamente a inteligência de von Osten ao cavalo. Críticas semelhantes foram feitas às tartarugas robóticas de W. Grey Walter.

O AMBIENTE EM QUE HABITAM FOI CUIDADOSAMENTE CRIADO POR WALTER PARA INDUZIR O COMPORTAMENTO DESEJADO.
TANTO HANS QUANTO ELSIE PARECEM SE COMPORTAR DE FORMA INTELIGENTE, MAS NENHUM DELES REALMENTE POSSUI A CAPACIDADE QUE SEU COMPORTAMENTO SUGERE.
HANS NÃO SABE CONTAR E ELSIE NÃO DESEJA MANTER SUA ENERGIA.

Isso ilustra o problema de relacionar a capacidade de um agente unicamente com base em seu comportamento.

Como a IA pode construir máquinas inteligentes quando a ação inteligente está tão intimamente relacionada ao ambiente? A maioria dos pesquisadores de IA evita esse problema de duas maneiras. Primeiro, concentrando-se na cognição em agentes separados das complexidades introduzidas pelos ambientes do mundo real. Segundo, a IA preocupa--se, principalmente, com o estudo dos processos cognitivos internos, não com o comportamento externo.

LÍNGUA, COGNIÇÃO E AMBIENTE

A posição da IA com relação à cognição e ao ambiente é exemplificada pelo linguista e cientista cognitivo **Noam Chomsky** (n. 1928). A ideia influente de Chomsky é que nascemos com uma forte predisposição biológica para idiomas.

OBSERVEI QUE AS CRIANÇAS, INDEPENDENTE DE ONDE TENHAM NASCIDO, CHEGAM A UM CONHECIMENTO COMPLEXO DA LÍNGUA.
MACCHINE PARLANTI
RAPP.TE GALLO VINCENZO
PARA AS CRIANÇAS O ***INPUT*** É A CONVERSA DOS PAIS E DE OUTROS HUMANOS.
O ***OUTPUT*** É UM CONHECIMENTO OSTENSIVAMENTE COMPLETO DO SISTEMA GRAMATICAL COMPLEXO QUE SUSTENTA MINHA LÍNGUA MATERNA.

Sobre a relação entre esses *inputs* e *outputs*, Chomsky declara:

"Um engenheiro, diante do problema de criar um dispositivo para satisfazer as condições de input e output, *concluiria naturalmente que as propriedades básicas do* output *são uma consequência do desenho do dispositivo. Também não há nenhuma alternativa plausível a essa suposição, ao meu ver."*

CRITICAMENTE, O INPUT AO QUAL A CRIANÇA É DEFRONTADA SUBESPECIFICA O CONHECIMENTO COM O QUAL TERMINA.
CHAMO ESSE FENÔMENO DE **POBREZA DO ESTÍMULO** E ARGUMENTO QUE NASCEMOS COM UM CONHECIMENTO DA LÍNGUA.

Em outras palavras, quando consideramos a competência humana para a língua, o ambiente desempenha um papel menor. Para Chomsky, a língua é um processo cognitivo que é apenas "parcialmente moldado" pelo ambiente.

DOIS ELEMENTOS DE UM PROBLEMA DE IA

A posição de Chomsky sobre a língua pode ser tomada como modelo para a maioria das pesquisas sobre IA nos últimos cinquenta anos. A pesquisa sobre IA normalmente se concentra nos processos de *cognição* de alto nível, tais como língua, memória, aprendizado e raciocínio.

UMA SUPOSIÇÃO PREDOMINANTE DA IA É QUE ESSAS CAPACIDADES PODEM SER COMPREENDIDAS SEM CONSIDERARMOS SUA RELAÇÃO DESORDENADA COM UM AMBIENTE COMPLEXO E EM CONSTANTE MUDANÇA.
1
2 3
A ROBÓTICA, PORÉM, ENFRENTA UMA CONSTANTE BATALHA COM AS COMPLEXIDADES DOS AMBIENTES DO MUNDO REAL E, ASSIM, LEVANTA VÁRIOS PROBLEMAS DIFERENTES.

Este livro vai investigar como esses dois elementos se desenvolveram na última metade do século XX. O êxito da IA, tanto de Strong quanto de Weak, pode ser abordado somente quando esses dois elementos se encontram e se unificam. Esse deve ser o caso: finalmente, IA busca robôs de trabalho com capacidades cognitivas de alto nível.

DOGMA CENTRAL DA IA: COGNITIVISMO

Inteligência Artificial baseia-se na visão de que a cognição é *computacional*: a mente e o cérebro não são mais do que um computador elaborado. Essa posição é conhecida como cognitivismo.

UM COGNITIVISTA DECLARARIA QUE TODOS OS ASPECTOS DA COGNIÇÃO - AÇÕES MENTAIS COMO APRENDIZADO, MEMÓRIA E, ATÉ MESMO, EMOÇÕES - PODEM SER EXECUTADOS PELOS COMPUTADORES.
PARA ENTENDER ESSA DECLARAÇÃO, PRECISAMOS ESCLARECER O QUE SIGNIFICA **COMPUTAÇÃO.**

O QUE É COMPUTAÇÃO?

"Eu rejeito todas as propostas que deduzem que a computação pode ser definida." – Brian Cantwell Smith, Universidade de Indiana

A noção da computação está no coração do cognitivismo, embora a computação seja um conceito notoriamente difícil de definir. A computação pode simplesmente significar: "*O tipo de cálculo que computadores podem realizar*".

EM UM PRIMEIRO MOMENTO, ESSA DEFINIÇÃO É ADEQUADA.
MAS É UMA DECLARAÇÃO EMPÍRICA. EXPRESSA APENAS O TIPO DE OPERAÇÕES QUE OS COMPUTADORES, COMO OS CONHECEMOS HOJE, PODEM REALIZAR.

Apesar da falta de uma definição mais precisa, a teoria da computação é uma vertente bem desenvolvida e rigorosa da ciência da computação, que se baseia fortemente na noção da *máquina de Turing*. O matemático britânico **Alan Turing** (1912-1954) foi um pioneiro crucial na história da IA, da ciência da computação e da lógica.

A MÁQUINA DE TURING

Uma das realizações de Turing foi a proposta de um dispositivo de computação teorético. A máquina de Turing é um dispositivo teórico simples, parte dela é uma fita infinitamente longa, na qual podem ser escritos símbolos.

ESSA FITA É ESCRITA E INSPECIONADA POR UMA MÁQUINA, CHAMADA DE CONTROLE FINITO.
O CONTROLE FINITO DEFINE UMA SÉRIE DE ESTADOS EM QUE A MÁQUINA PODE ESTAR E COMO ESSES ESTADOS PODEM SER ALCANÇADOS NOS CONTEÚDOS DA FITA.
MÁQUINA DE TURING

A máquina de Turing serviu a um propósito importante na teoria da computação. Ao usar sua máquina imaginária, Turing provou os resultados fundamentais que são verdadeiros para todos os dispositivos conhecidos de computador. Turing conseguiu esse feito antes que computadores, como os conhecemos hoje, tivessem sido de fato construídos.

O CÉREBRO COMO UM DISPOSITIVO DE COMPUTAÇÃO

Em 1943, ciente do trabalho de Turing sobre computação, **Warren McCulloch** (1898-1968) e **Walter Pitts** (1923-1969) publicaram "A Logical Calculus of the Ideas Immanent in Nervous Activity" (Um cálculo lógico das ideias imanentes em atividade cerebral), em que demonstram como os neurônios cerebrais individuais podem ser vistos como dispositivos de computação. Quando jovem, Walter Pitts costumava assistir furtivamente a aulas da Universidade de Chicago. Impressionado com seu conhecimento precioso de lógica, a faculdade o convidou para trabalhar com Warren McCulloch, um fisiologista.

JUNTOS, PRODUZIMOS UM ESTUDO QUE REVOLUCIONOU A CIÊNCIA DO CÉREBRO.
EXPLICAMOS COMO PEQUENOS GRUPOS DE NEURÔNIOS PODEM ATUAR COMO PORTAS LÓGICAS, OS BLOCOS DE CONSTRUÇÃO DOS COMPUTADORES MODERNOS.
e
ou
não

Por fim, provaram que as configurações de neurônios podem realizar qualquer cálculo computável por uma máquina de Turing. O resultado dessa descoberta foi que os cérebros podem ser considerados dispositivos de computação, da mesma forma que a máquina de Turing.

COMPUTAÇÃO UNIVERSAL

Todos os computadores, por mais modernos, sofisticados ou caros que sejam, são restritos. O tipo de cálculo que podem realizar é *precisamente* aquele que pode ser calculado por uma máquina de Turing. Essa observação significa que só precisamos considerar as máquinas de Turing quando analisamos o que é e o que não é computável. Todas as outras máquinas, inclusive o cérebro, podem ser reduzidas à máquina de Turing.

A CLASSE DE CÁLCULOS QUE CADA UMA REALIZA ACABA POR SER IDÊNTICA ÀQUELAS COMPUTÁVEIS POR UMA MÁQUINA DE TURING.
ESSES RESULTADOS SÃO EVIDÊNCIAS PARA QUE A MÁQUINA DE TURING SEJA TRATADA COMO UM MODELO DE COMPUTAÇÃO UNIVERSAL.

Qualquer cálculo que seu computador ou seu cérebro possam realizar, o computador imaginário de Turing de 65 anos de idade também pode.

COMPUTAÇÃO E COGNITIVISMO

Embora todos os dispositivos de computação possam ser considerados idênticos à máquina de Turing, com relação aos cálculos que podem computar, o modo com que esses diferentes dispositivos realizam os cálculos difere de maneira fundamental.

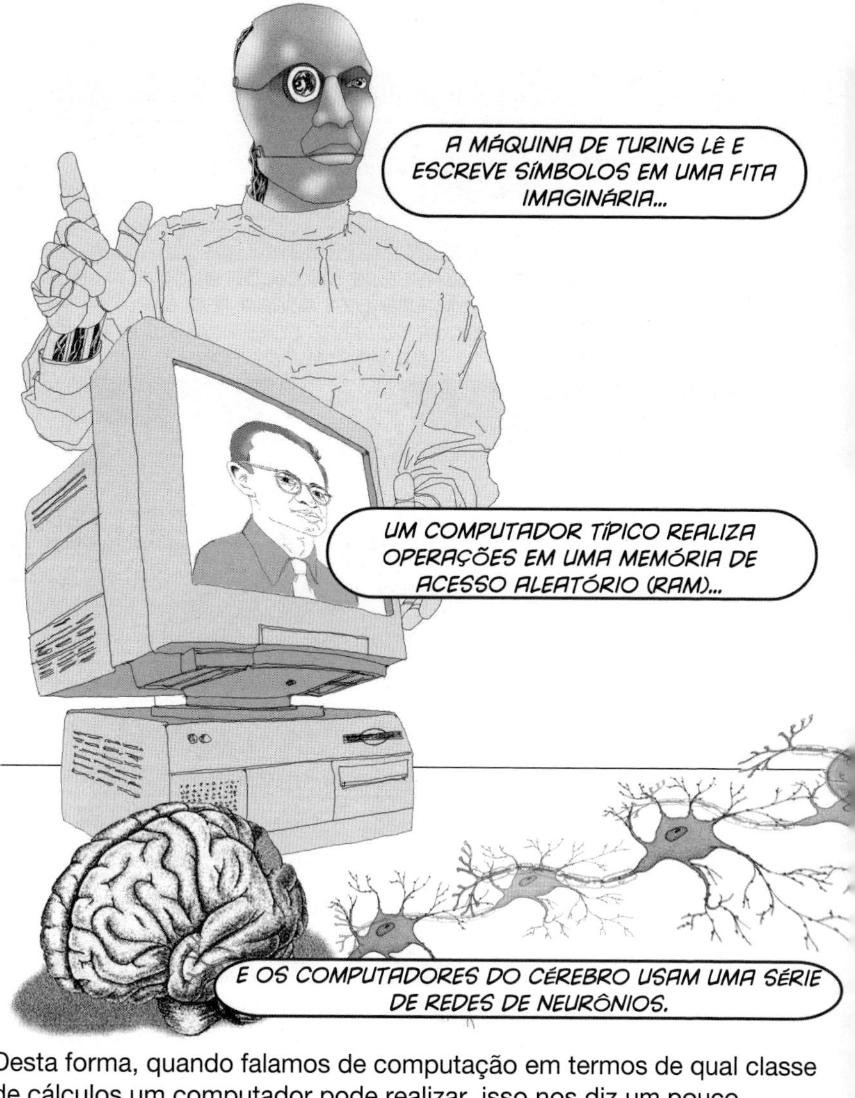
A MÁQUINA DE TURING LÊ E ESCREVE SÍMBOLOS EM UMA FITA IMAGINÁRIA...
UM COMPUTADOR TÍPICO REALIZA OPERAÇÕES EM UMA MEMÓRIA DE ACESSO ALEATÓRIO (RAM)...
E OS COMPUTADORES DO CÉREBRO USAM UMA SÉRIE DE REDES DE NEURÔNIOS.

Desta forma, quando falamos de computação em termos de qual classe de cálculos um computador pode realizar, isso nos diz um pouco mais sobre *o que* esses cálculos podem alcançar, ao invés de *como*. Qual modelo de computação o cognitivismo está propondo? Como exatamente a mente computa?

A MÁQUINA DO CÉREBRO

Por toda a história, os cientistas declararam que a atividade que ocorre dentro de nossas cabeças é mecânica. Durante a Renascença, achou-se que essa atividade mecânica assemelhava-se a um relógio e, mais tarde, a uma máquina a vapor. No último século, a metáfora de uma central telefônica foi invocada.

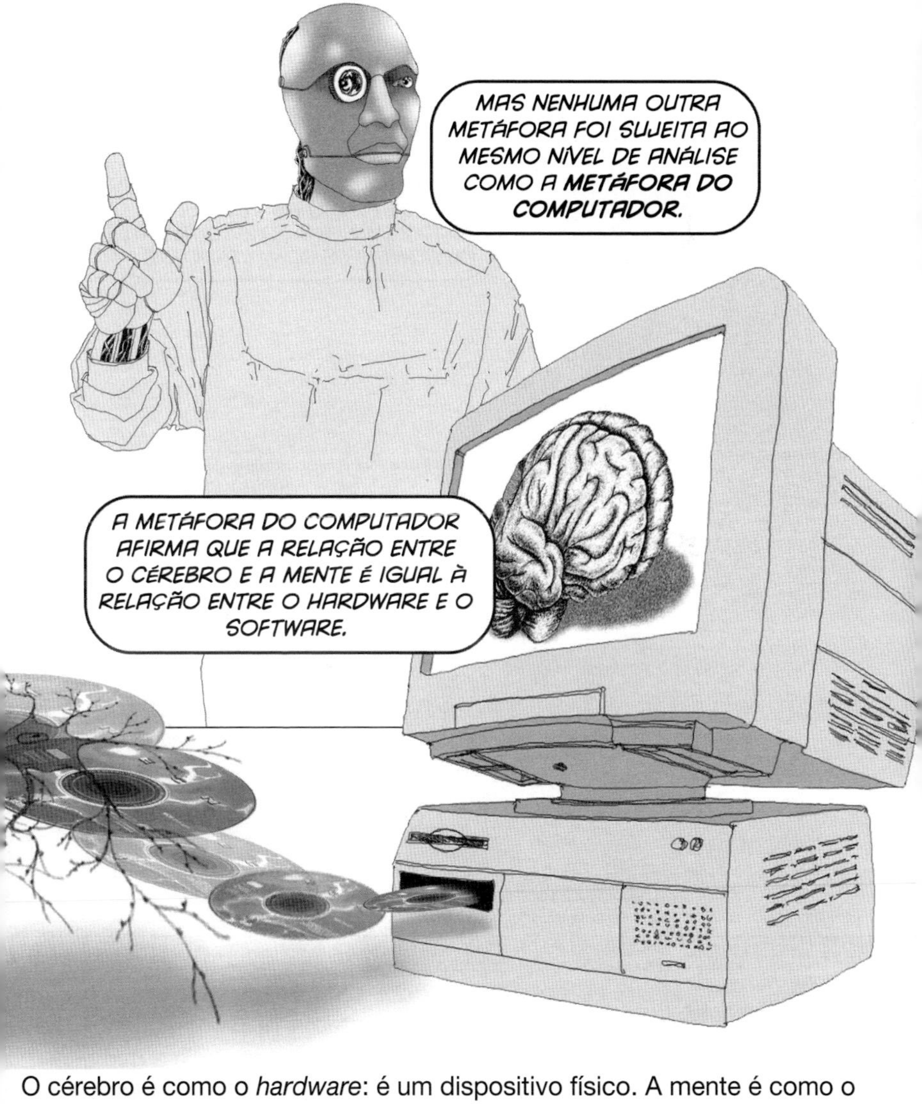
MAS NENHUMA OUTRA METÁFORA FOI SUJEITA AO MESMO NÍVEL DE ANÁLISE COMO A **METÁFORA DO COMPUTADOR.**
A METÁFORA DO COMPUTADOR AFIRMA QUE A RELAÇÃO ENTRE O CÉREBRO E A MENTE É IGUAL À RELAÇÃO ENTRE O HARDWARE E O SOFTWARE.

O cérebro é como o *hardware*: é um dispositivo físico. A mente é como o *software*: precisa do dispositivo físico para funcionar, mas ele, por si, não é matéria, pois não tem massa.

SEPARAÇÃO FUNCIONALISTA DA MENTE DO CÉREBRO

Funcionalismo é a ideia de que o tipo de operação que define a computação é o que importa, e não a natureza de outras representações *físicas. Desde que dois processos executem a mesma função, eles podem ser considerados idênticos. Portanto, funcionalismo significa realização múltipla*, porque a mesma operação pode ser fisicamente realizada de inúmeras maneiras.

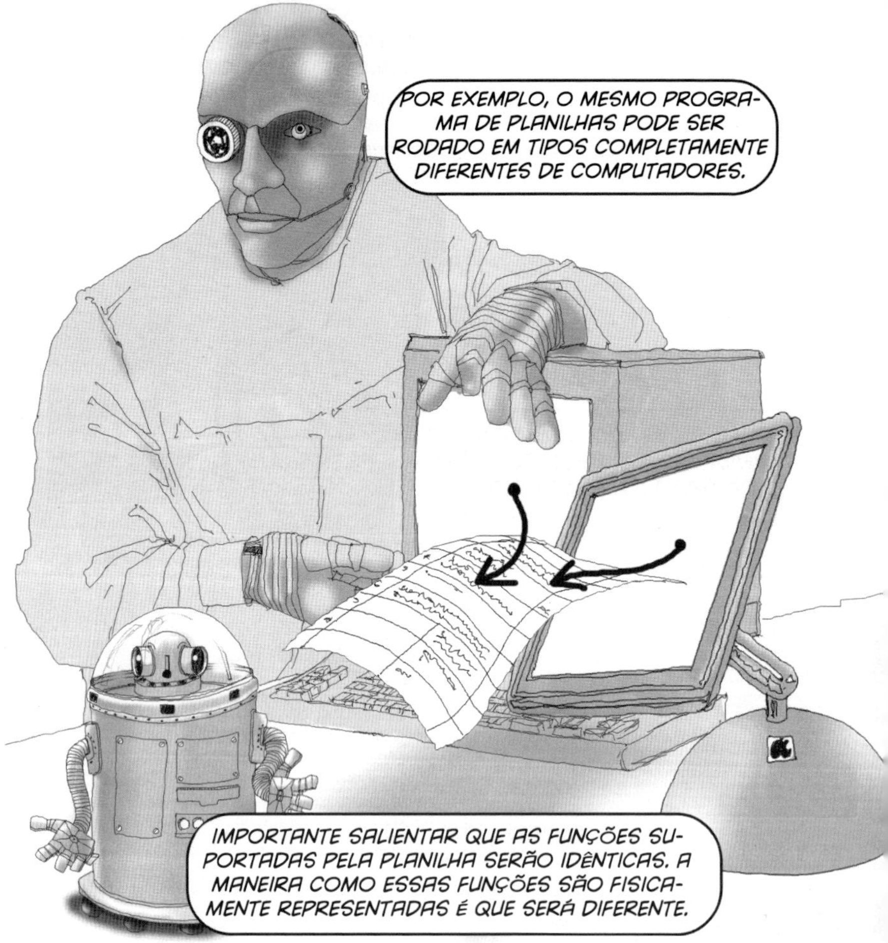
POR EXEMPLO, O MESMO PROGRAMA DE PLANILHAS PODE SER RODADO EM TIPOS COMPLETAMENTE DIFERENTES DE COMPUTADORES.
IMPORTANTE SALIENTAR QUE AS FUNÇÕES SUPORTADAS PELA PLANILHA SERÃO IDÊNTICAS. A MANEIRA COMO ESSAS FUNÇÕES SÃO FISICAMENTE REPRESENTADAS É QUE SERÁ DIFERENTE.

Um funcionalista afirmaria que a cognição não está atrelada a qualquer tipo de máquina. O que a mente tem de especial é o tipo de operação que pode executar, e não o fato de que é fisicamente suportada por um cérebro formado por milhões de neurônios.

HIPÓTESE DO SISTEMA FÍSICO SIMBÓLICO

Em 1976, Newell e Simon propuseram a *Hipótese do Sistema Físico Simbólico* (HSFS). Essa hipótese propõe uma série de propriedades que caracterizam o tipo de computações em que a mente se apoia. O HSFS declara que a ação inteligente deve apoiar-se na manipulação sintática dos símbolos: *"Um sistema de símbolo físico tem os meios necessários e suficientes para a ação inteligente"*. O que significa dizer que a cognição necessita da manipulação de representações simbólicas, e que essas representações referem-se a coisas no mundo.

O SISTEMA DEVE SER FISICAMENTE PERCEBIDO, MAS A "COISA" DE QUE O SISTEMA É CONSTRUÍDO É IRRELEVANTE.
PORTANTO, PODERIA SER FEITO DE NEURÔNIOS, SILICONE OU, ATÉ MESMO, DE LATINHAS.
?!

Em essência, Newell e Simon estão falando sobre o tipo de *programa* que o computador roda. Eles não falam nada sobre o tipo de computador que roda o programa.

UMA TEORIA DA AÇÃO INTELIGENTE

A hipótese de Newell e Simon é uma tentativa de esclarecer a questão dos tipos de operações que são necessários para uma ação inteligente. Entretanto, a HSFS é apenas uma hipótese e deve ser testada. Sua validade como hipótese só pode ser provada ou contestada por cientistas ao realizarem experimentos. Tradicionalmente, a IA é a ciência para testar essa hipótese.

LEMBRE-SE DE QUE A HSFS FAZ UMA AFIRMAÇÃO SOBRE O TIPO DE PROGRAMA QUE O CÉREBRO SUPORTA.
E, ASSIM, CHEGAR AO PROGRAMA CERTO É TUDO O QUE É NECESSÁRIO PARA UMA TEORIA DA AÇÃO INTELIGENTE.
ELES ASSUMEM UMA POSTURA FUNCIONALISTA: A NATUREZA DA MÁQUINA QUE SUPORTA ESSE PROGRAMA NÃO É A PREOCUPAÇÃO PRINCIPAL.

AS MÁQUINAS PODERIAM REALMENTE PENSAR?

Vamos examinar a afirmação dos cognitivistas. Imagine que eles tenham sido bem-sucedidos: perceberam a meta da IA Forte e construíram uma máquina inteligente, que pensa. Acreditamos neles? O cognitivismo é fundamentalmente ingênuo? Talvez haja um argumento decisivo que prove que as máquinas não podem pensar.

Alan Turing, em seu artigo de 1950, "Computing Machinery and Intelligence" (Máquina computacional e a inteligência), estava interessado na pergunta "As máquinas podem pensar?". Turing reconheceu que a questão não estava bem definida e que era "muito sem significado para merecer uma discussão".

SUBSTITUÍ A PERGUNTA PELO **JOGO DE IMITAÇÃO.**
O JOGO DE IMITAÇÃO PRECISA QUE O INTERROGADOR HUMANO DECIDA SE UM AGENTE DE UMA MENSAGEM DE TEXTO DE UM COMPUTADOR É UM COMPUTADOR OU UM HUMANO.
AS DUAS PARTES ESTÃO EM SALAS SEPARADAS.

O TESTE DE TURING

O interrogador pode fazer a pergunta que quiser e, com base nas respostas, que não precisam ser necessariamente verdadeiras, deve decidir se é humanoide ou computador. Turing imaginou o seguinte tipo de diálogo:

ESCREVA UM SONETO SOBRE FORTH BRIDGE.
ME TIRE DESSA. NUNCA CONSEGUI ESCREVER POESIA.
SOME 34957 A 70764.
Depois de uma pausa de 30 segundos...
105621

Se o computador conseguir fazer o interrogador acreditar que é humano, ele passa no teste de Turing.

O problema de Turing com a pergunta "As máquinas podem pensar?" tem a ver com o termo "pensar". O que significa exatamente pensamento? Como decidimos quando está acontecendo? Adotar o uso diário da palavra relegaria a questão, de acordo com Turing, a uma pesquisa estatística como uma pesquisa Gallup.

NÃO É ASSIM QUE QUEREMOS DECIDIR SE UMA MÁQUINA PENSA OU NÃO.
NOAM CHOMSKY TAMBÉM TEM UM PROBLEMA COM A PERGUNTA.
COMPARO A QUESTÃO COM PERGUNTAR "SUBMARINOS PODEM NADAR?".

Qualquer resposta tem pouco a ver com o fato em si e mais a ver com "aprimorar nosso uso" de palavras como "pensar" e "nadar".

O PRÊMIO LOEBNER

Em 1990, o teste de Turing foi transformado em uma competição anual. Todos os anos, os participantes competem pelo prêmio Loebner. A primeira pessoa a criar um programa de computador que passe no teste de Turing ganha 100 mil dólares e uma medalha de ouro. Até hoje, ninguém ganhou a medalha de ouro, mas medalhas de bronze e dinheiro são dados aos melhores esforços do ano. Segue um trecho de uma conversa entre um juiz e um computador.

DIGA-ME, ELLA, SE VOCÊ COMPRAR UMA VACA POR 10 DÓLARES, QUANTO CUSTARÃO DUAS VACAS?
CONSIDERE PEDIR QUE EU CONTE UMA PIADA. SEI UMAS ÓTIMAS.
NÃO QUERO UMA PIADA, QUERO SABER QUANTO CUSTARIAM DUAS VACAS.
ALGUM PROBLEMA SE EU CONTAR A PIADA AGORA?

NÃO. VÁ EM FRENTE, CONTE-ME UMA PIADA.
POSSO CONTAR UMA SOBRE ADVOGADOS?
POR QUE NÃO?
QUER OUVIR, ENTÃO, UMA SOBRE IMPOSTOS?
QUERO OUVIR SOBRE ADVOGADOS.
FIQUE COM ISSO EM MENTE E DEIXE-ME INTERROMPER E PERGUNTAR EM QUE ANO VOCÊ NASCEU.

É improvável que algum computador vá passar no teste de Turing em um futuro próximo.

PROBLEMAS COM O TESTE DE TURING

Muitos são contra o teste de imitação de Turing como teste para inteligência ou pensamento. A objeção principal é que o teste só leva em consideração o comportamento linguístico da máquina. Ele ignora *como* a máquina opera.

"A meta fundamental dessa pesquisa não é meramente imitar a inteligência ou produzir um impostor inteligente. De modo algum. A IA quer apenas o artigo verdadeiro: máquinas com mentes, no sentido completo e literal." – John Haugeland

Imagine uma máquina que passe no teste de Turing, mas faça isso por meio de métodos claramente não inteligentes.

POR EXEMPLO, COMO UM EXPERIMENTO DE PENSAMENTO, IMAGINE UMA MÁQUINA QUE POSSA MEMORIZAR TODOS OS FRAGMENTOS POSSÍVEIS DE CONVERSAS ATÉ UM DETERMINADO TAMANHO.
Olá, meu nome é Roddy...
deixe pensar...
ENTÃO, ATRAVÉS DE UMA REGURGITAÇÃO TEXTUAL, ESSA MÁQUINA PODERIA PASSAR NO TESTE.
talvez esteja certo, mas...
a maneira como vejo as coisas...

Embora na prática seja quase impossível, isso já foi utilizado como uma forma de ilustrar a inadequação do teste de Turing.

DENTRO DA MÁQUINA: A SALA CHINESA DE SEARLE

Nos anos 1980, o filósofo John Searle, frustrado com as afirmações feitas pelos pesquisadores de IA, de que suas máquinas tinham "entendimento" das estruturas que manipulavam, idealizou um experimento de pensamento na tentativa de desferir o golpe final aos defensores da IA Forte.

EM CONTRASTE COM O TESTE DE TURING, MEU ARGUMENTO GIRA EM TORNO DA NATUREZA DAS COMPUTAÇÕES QUE ACONTECEM DENTRO DO COMPUTADOR.
SEARLE TENTA MOSTRAR QUE A MANIPULAÇÃO SIMBÓLICA PURAMENTE SINTÁTICA, COMO A PROPOSTA PELA HSFS DE NEWELL E SIMON, POR SI SÓ, NÃO PODE LEVAR AS MÁQUINAS A PENSAR OU ENTENDER.

A SALA CHINESA DE SEARLE

Searle imaginava-se dentro de uma sala. Em um lado da sala, há uma abertura através da qual as perguntas, escritas em chinês, são passadas para Searle. Sua tarefa é responder, também em chinês, essas perguntas. As respostas são devolvidas através de outra abertura. O problema é que Searle não entende uma palavra de chinês e os caracteres em chinês não significam nada para ele.

SAÍDA
ENTRADA
PARA AJUDAR A CONSTRUIR AS RESPOSTAS ÀS PERGUNTAS, ESTOU MUNIDO DE VÁRIOS LIVROS DE REGRAS COMPLEXAS QUE ME DIZEM COMO MANIPULAR OS SÍMBOLOS CHINESES SEM SENTIDO PARA OBTER UMA RESPOSTA À PERGUNTA.

Depois de muito treino, Searle fica bastante hábil na construção das respostas. Para o mundo externo, o comportamento de Searle não difere de um falante nativo de chinês. A sala chinesa passa no teste de Turing.

Diferente de um literato genuíno em chinês, Searle não entende de forma alguma os símbolos que está manipulando. De modo semelhante, um computador executando o mesmo procedimento – a manipulação dos símbolos abstratos – também não teria nenhum entendimento dos símbolos chineses.

TENHO TUDO O QUE A HIPÓTESE DO SISTEMA FÍSICO SIMBÓLICO DE NEWELL E SIMON PEDE, E MESMO ASSIM, NÃO ENTENDO CHINÊS.
O PONTO CRUCIAL DO ARGUMENTO DE SEARLE É QUE, INDEPENDENTEMENTE DE QUAIS PRINCÍPIOS FORMAIS SÃO DADOS AO COMPUTADOR, ELES NÃO SERÃO SUFICIENTES PARA COMPREENDER.
SAÍDA
PORQUE MESMO QUANDO UM HUMANO EXECUTA A MANIPULAÇÃO DESSES SÍMBOLOS, CONTINUARÃO SEM ENTENDER ABSOLUTAMENTE NADA.

A conclusão de Searle é que a manipulação formal do símbolo não é suficiente para ser explicado como entendimento. Essa conclusão entra em conflito direto com a hipótese do sistema físico simbólico de Newell e Simon.

UMA RESPOSTA A SEARLE

Uma frequente réplica ao argumento de Searle é que talvez ele não entendesse chinês, mas a combinação de Searle e do livro de regras entendiam.

EU REJEITO ESSE PONTO, ARGUMENTANDO QUE UMA COMBINAÇÃO DE CONSTITUINTES SEM ENTENDIMENTO NÃO PODE MAGICAMENTE INVOCAR O ENTENDIMENTO.
AQUI, SEARLE ESTÁ ARGUMENTANDO QUE O TODO NÃO PODE SER MAIS DO QUE A SOMA DE SUAS PARTES.
PARA MUITOS, ESSE PONTO É UMA FRAQUEZA NO ARGUMENTO DE SEARLE.

O todo pode ser mais do que a soma de suas partes? Existem evidências sensatas de que uma "combinação de constituintes" de fato resulta em uma ordem mais elevada de complexidade, um "todo maior".

APLICANDO A TEORIA DA COMPLEXIDADE

A complexidade, a ciência de entender a ordem que surge das interações complexas dos constituintes simples, trata da possibilidade de *emergência*. As propriedades emergentes são aquelas que não podem ser previstas simplesmente através de um entendimento do comportamento dos constituintes.

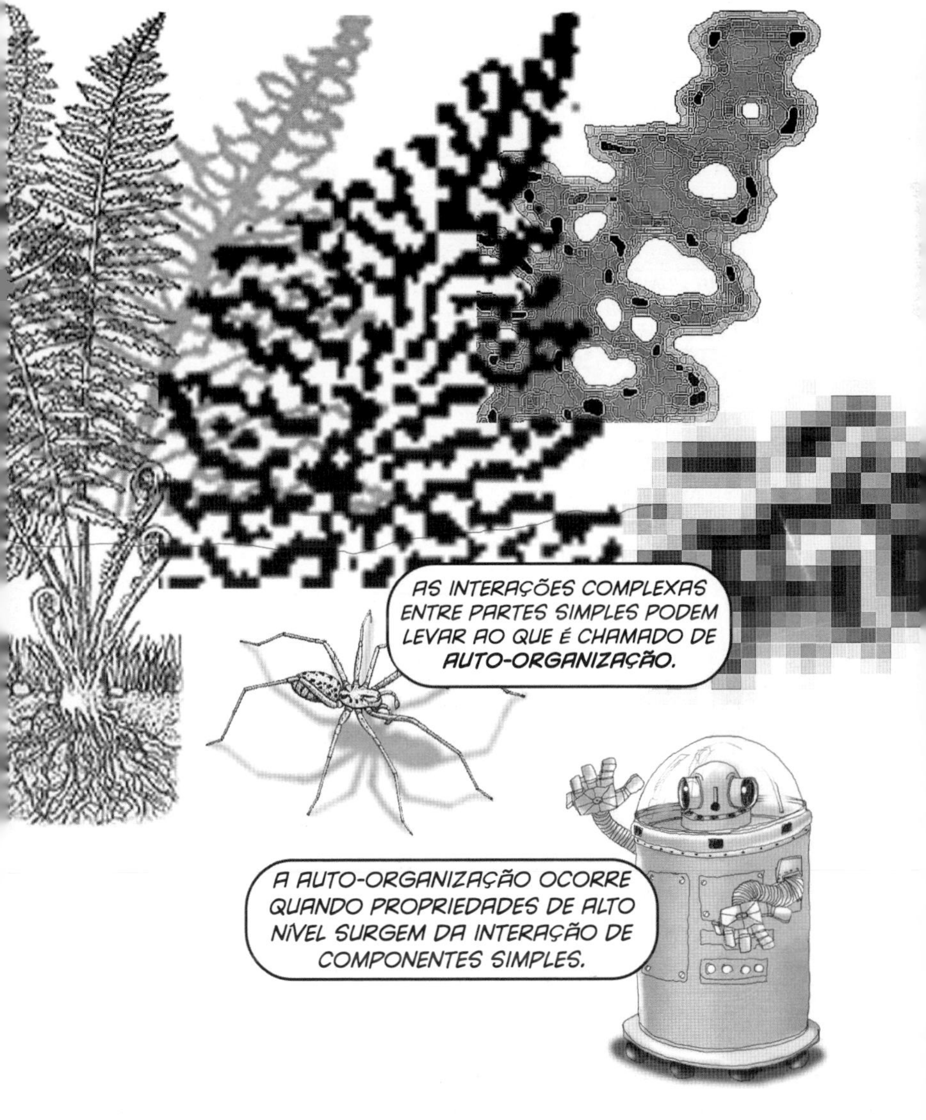
AS INTERAÇÕES COMPLEXAS ENTRE PARTES SIMPLES PODEM LEVAR AO QUE É CHAMADO DE **AUTO-ORGANIZAÇÃO.**
A AUTO-ORGANIZAÇÃO OCORRE QUANDO PROPRIEDADES DE ALTO NÍVEL SURGEM DA INTERAÇÃO DE COMPONENTES SIMPLES.

Vamos considerar um exemplo de emergência em biologia...

O ENTENDIMENTO É UMA PROPRIEDADE QUE SE DESENVOLVE?

Os humanos emergem do genoma humano, que subespecifica grandiosa e precisamente como construir um humano. É claro que somos o produto de nossos genes, mas somente em combinação com uma interação imensamente complexa entre nossos genes, as cadeias de polipeptídeos que produzem e como essas cadeias interagem.

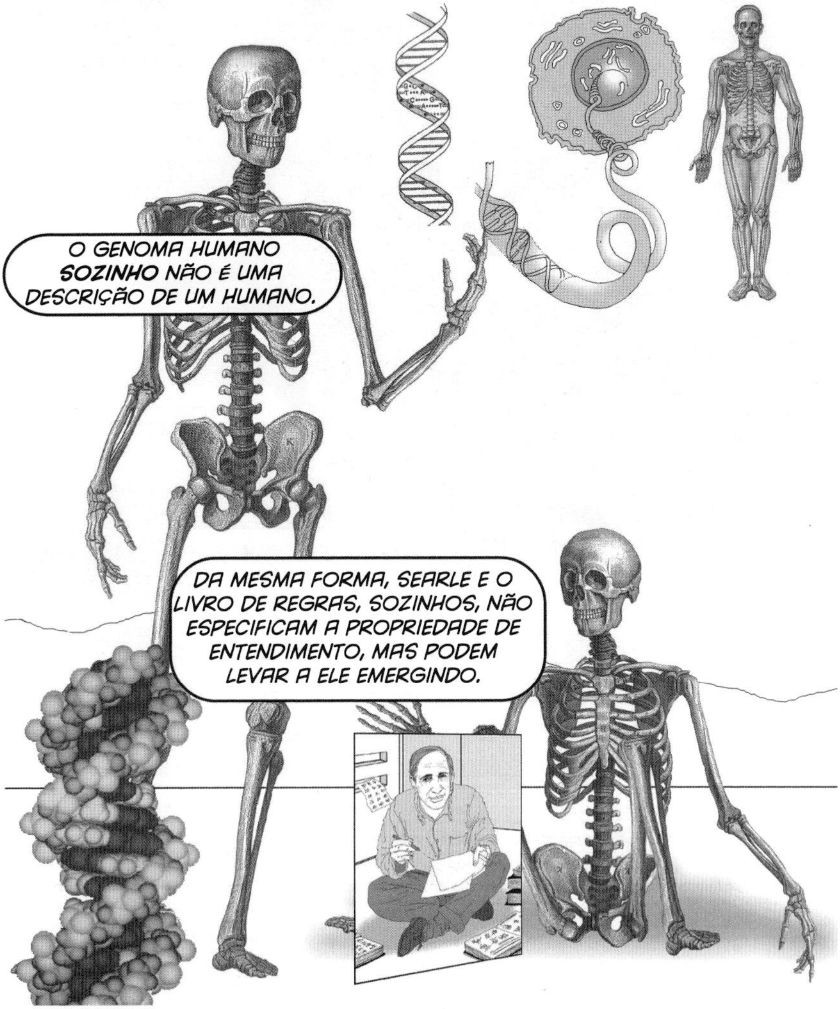
O GENOMA HUMANO SOZINHO NÃO É UMA DESCRIÇÃO DE UM HUMANO.
DA MESMA FORMA, SEARLE E O LIVRO DE REGRAS, SOZINHOS, NÃO ESPECIFICAM A PROPRIEDADE DE ENTENDIMENTO, MAS PODEM LEVAR A ELE EMERGINDO.

Em suma, a teoria da complexidade nos diz que o todo pode ser mais do que a soma de suas partes, embora esse argumento por si só não constitua uma exemplificação da emergência do entendimento.

MÁQUINAS CONSTRUÍDAS COM OS MATERIAIS CERTOS

É importante observar que Searle não está negando a possibilidade da IA Forte. Sem dúvida, Searle acredita que não somos nada além de máquinas complexas e, portanto, *podemos* construir máquinas que pensem e entendam. A objeção de Searle é com a noção de que o entendimento da máquina seja simplesmente uma questão de encontrar o *programa certo*. Searle chega ao coração do funcionalismo.

O ARGUMENTO DO FUNCIONALISMO SUPÕE QUE A NATUREZA DAS MÁQUINAS NÃO TEM CONSEQUÊNCIA, DESDE QUE POSSA SUPORTAR A AÇÃO DA COMPUTAÇÃO.
EM OUTRAS PALAVRAS, OS PROBLEMAS DE PENSAMENTO E ENTENDIMENTO DEPENDEM APENAS DE EXECUTAR O PROGRAMA CERTO.
EM CONTRASTE COM O FUNCIONALISMO, AFIRMO QUE A MÁQUINA CERTA É ESSENCIAL. OS FENÔMENOS MENTAIS DEPENDEM DAS PROPRIEDADES FÍSICO-QUÍMICAS DA MÁQUINA.

IA E O DUALISMO

Para Searle, afirmar outra coisa significa que você deve acreditar em uma forma de *dualismo*, a posição que o reino mental não tem ligação causal com o reino físico. De acordo com Searle, essa é precisamente a posição assumida por muitos pesquisadores de IA. Eles acreditam que seus modelos têm vida mental puramente com base no programa certo que está sendo executado. Os fenômenos mentais podem ser entendidos unicamente em termos de programas (mente), independente das máquinas (cérebro).

ESSE É UM COMENTÁRIO PROVOCATIVO, POIS POUCOS CIENTISTAS FICARIAM FELIZES EM ADMITIR A EXISTÊNCIA DE UM REINO MENTAL NÃO FÍSICO.
EM RESUMO, OS COMPUTADORES, COMO OS CONHECEMOS HOJE, NÃO TÊM A COISA CERTA PARA SUPORTAR PENSAMENTO, COMPREENSÃO E CONSCIÊNCIA.

Ele acredita que buscar a IA através da procura do "programa certo" não é o caminho. Qualidades como o entendimento também necessitam do tipo certo de máquina.

O EXPERIMENTO PROTÉTICO DO CÉREBRO

O roboticista **Hans Moravec** (n. 1948) propôs o *Experimento Protético do Cérebro*, que ilustra claramente as opiniões divididas sobre onde residem as propriedades como pensamento, entendimento e consciência. Imagine trocar os neurônios em seu cérebro, um por vez, por substitutos eletrônicos de neurônios, transformando aos poucos seu cérebro de um dispositivo biológico em um eletrônico. Supondo que temos um entendimento completo do comportamento dos neurônios e nossos neurônios artificiais imitam esse comportamento sob todas as condições possíveis, o comportamento do cérebro transformado será idêntico ao do cérebro biológico.

ESSE PODE SER O CASO, JÁ QUE OS NEURÔNIOS ELETRÔNICOS TÊM **COMPORTAMENTO IDÊNTICO** AOS NEURÔNIOS BIOLÓGICOS.
CONFORME O EXPERIMENTO PROTÉTICO AVANÇA, QUE IMPACTO ELE TERÁ EM SUA EXPERIÊNCIA CONSCIENTE?
AFIRMO QUE VOCÊ NÃO NOTARIA QUALQUER MUDANÇA.
ACREDITO QUE SUA CONSCIÊNCIA AOS POUCOS SE DEGENERARIA.

ROGER PENROSE E OS EFEITOS QUÂNTICOS

Para Searle, a natureza da máquina necessária para a consciência é um mistério. Ele não declara ter resposta explicando por que computadores não podem suportar propriedades como entendimento e consciência, mas os cérebros podem. Em contraste, Roger Penrose, um físico matemático da Universidade de Oxford, propõe uma "coisa" candidata.

Assim como Searle, Penrose afirma que a máquina de computação convencional não pode suportar a consciência. Uma mente consciente precisa de características físicas muito específicas.

ACEITO QUE A MENTALIDADE DEVE ORIGINAR-SE DA FISICALIDADE.
MAS ACREDITO QUE SEJA NECESSÁRIO UM NOVO TIPO DE FÍSICA PARA EXPLICAR O PENSAMENTO CONSCIENTE.
SE PENROSE ESTIVER CORRETO, ISSO TRAZ UM PROBLEMA PARA A IA...

Os computadores são inerentemente limitados quanto aos tipos de processos que podem sustentar.

PENROSE E O TEOREMA DE GÖDEL

Para sustentar esse argumento, Penrose recorre a um teorema fundamental na lógica matemática, o teorema de Gödel, que declara que determinadas verdades matemáticas não podem ser provadas através de um procedimento computacional. Como os matemáticos humanos conseguem chegar a essas verdades, Penrose afirma que os humanos devem estar realizando *operações não computáveis*.

COM O PENSAMENTO COMPREENDENDO UM ELEMENTO NÃO COMPUTACIONAL, OS COMPUTADORES NUNCA PODERÃO FAZER O QUE NÓS, HUMANOS, PODEMOS.
PORTANTO, A NÃO COMPUTABILIDADE EM ALGUM ASPECTO DA CONSCIÊNCIA E, ESPECIFICAMENTE, NO ENTENDIMENTO MATEMÁTICO, SUGERE FORTEMENTE QUE A NÃO COMPUTABILIDADE SEJA UMA CARACTERÍSTICA DE TODAS AS CONSCIÊNCIAS. ESSA É A MINHA SUGESTÃO.

Se o pensamento humano compreender os processos não computacionais, então, como o cérebro sustenta esses processos? Para responder a essa pergunta, Penrose recorre à física e afirma que a teoria da **gravidade quântica** é possivelmente o tipo de física necessária para explicar uma mente consciente.

GRAVIDADE QUÂNTICA E CONSCIÊNCIA

A teoria da gravidade quântica, que ainda está em um estágio bastante experimental, tem por objetivo considerar as imprecisões mensuráveis que observamos ao usarmos a física atual. Ou seja, nem a teoria quântica nem a teoria da relatividade podem explicar determinados fenômenos de pequena escala. Penrose afirma: *"Essa nova teoria não será apenas uma leve modificação da mecânica quântica, mas será algo diferente da mecânica quântica padrão, da mesma forma que a Relatividade Geral difere da gravidade de Newton. Teria de ser algo que tivesse uma estrutura conceitual completamente diferente".*

A ideia de que a gravidade quântica possa provar-se importante ao entendimento da consciência precede Penrose, mas ele se arriscou e propôs, especificamente, que os efeitos da *gravidade quântica* no cérebro possivelmente dependem de **microtúbulos** – estruturas como correias transportadoras dentro dos neurônios.

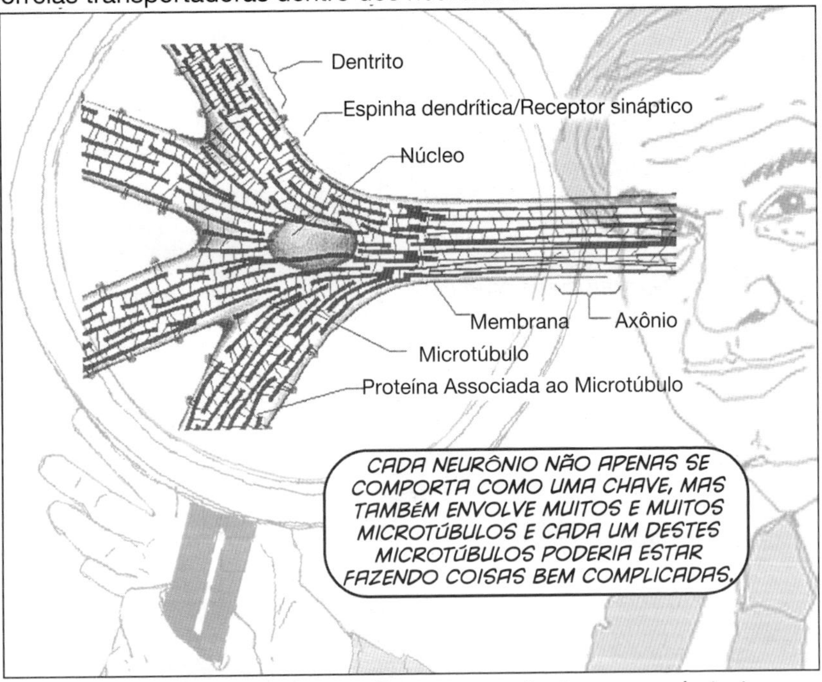

Os microtúbulos, de acordo com Penrose, sustentam um substrato para os efeitos da gravidade quântica necessários para a consciência. Crucialmente, esses processos não são computáveis, isto é, não podem ser suportados por computadores comuns. Essa proposta especulativa sustenta a declaração de Penrose de que o pensamento humano depende de processos não computáveis.

Devido aos computadores, como são conhecidos hoje, não terem estrutura celular compreendendo microtúbulos, eles não podem sustentar a consciência. Penrose pode estar certo, mas ainda há poucas evidências para sustentar sua afirmação. A ideia de que aqui falta um ingrediente ignorado em nosso entendimento clássico dos sistemas biológicos é uma conclusão comum aos debates sobre a possibilidade de máquinas de pensamento consciente. A teoria de Penrose é muito controversa e poucos aceitam suas conclusões.

PENROSE, EM SUA PROPOSTA PARA O MATERIALISMO CIENTÍFICO, VALEU-SE DE UMA FORÇA MISTERIOSAMENTE MAIOR... SUA PRÓPRIA DEIDADE, O DEUS DA MECÂNICA QUÂNTICA.
PESSOALMENTE, FICO PREOCUPADO QUANDO AS PESSOAS, ESPECIALMENTE OS FÍSICOS TEÓRICOS, FALAM SOBRE A CONSCIÊNCIA... O ARGUMENTO DE PENROSE PARECIA SER QUE A CONSCIÊNCIA É UM MISTÉRIO E A GRAVIDADE QUÂNTICA OUTRO MISTÉRIO, ASSIM, ELAS DEVEM ESTAR RELACIONADAS.

IA É DE FATO SOBRE MÁQUINAS QUE PENSAM?

Entendimento, consciência e pensamento são um mistério.

Dado nosso entendimento atual, não há uma resposta à pergunta sobre entendimento, consciência ou pensamento mecanizados. Esse debate é mais bem entendido pelo problema da intencionalidade, com que os filósofos vêm lutando desde o período medieval.

O TERMO INTENCIONALIDADE, QUANDO USADO PELOS FILÓSOFOS, REFERE-SE À TEMATICIDADE DAS COISAS.
ESTADOS MENTAIS TÊM TEMATICIDADES - POR EXEMPLO, CRENÇAS E DESEJOS - E REQUEREM UMA MENTE CONSCIENTE PARA TER ESSES ESTADOS INTENCIONAIS.
A CONSCIÊNCIA É SEMPRE DE ALGO, INCLUSIVE A CONSCIÊNCIA DE SI MESMO

Edmund Husserl (1859-1938), fundador da fenomenologia

Franz Brentano (1837-1917), psicólogo e filósofo

A IA se deparou com esse antigo problema. O que é exatamente intencionalidade, ela existe de fato e, se sim, tem uma base física? Infelizmente, o debate sobre intencionalidade permanece um mistério, independente das afirmações feitas por alguns pesquisadores de IA de que suas máquinas podem pensar e entender.

ABORDANDO O PROBLEMA DA INTENCIONALIDADE

O tipo de máquina usada pelos pesquisadores de IA e como essa máquina esclarece a questão da intencionalidade são problemas raramente considerados por aqueles que realizam pesquisas ativas sobre IA. A pesquisa prática prossegue independente desse debate. A maioria dos pesquisadores concorda que podemos investigar as teorias do comportamento inteligente e implementar essas teorias como modelos de computador, sem a necessidade de explicar a intencionalidade.

UM PESQUISADOR TÍPICO DE IA ESCREVE PROGRAMAS DE COMPUTADOR EM COMPUTADORES PADRÕES.
DA MESMA FORMA, ROBOTICISTAS NÃO TENTAM ATACAR A QUESTÃO DA INTENCIONALIDADE ATRAVÉS DO USO DE DETERMINADOS TIPOS DE MÁQUINAS.

A abordagem da questão da intencionalidade é implicitamente considerada por aqueles que trabalham com IA como parte dos "toques de finalização". Primeiro, almejam que computadores e robôs se comportem com inteligência e só então essas questões fundamentais serão abordadas.

INVESTIGANDO A POSIÇÃO COGNITIVISTA

A abordagem clássica a IA engloba uma série de princípios e práticas usadas para explorar a validade do cognitivismo e, especialmente, investigar a hipótese proposta por Newell e Simon. A cognição é mais bem compreendida como manipulação formal das estruturas simbólicas.

A CONTRIBUIÇÃO MAIS FUNDAMENTAL ATÉ AGORA DA INTELIGÊNCIA ARTIFICIAL E DA CIÊNCIA DE COMPUTAÇÃO AO EMPREENDIMENTO DA CIÊNCIA COGNITIVA É A NOÇÃO DE UM SISTEMA SIMBÓLICO FÍSICO...
... SISTEMAS CAPAZES DE TER E MANIPULAR SÍMBOLOS, EMBORA REALIZÁVEIS NO UNIVERSO FÍSICO.

A abordagem clássica a IA resultou na criação de projetos como os seguintes, que examinaremos posteriormente com mais detalhes.

- Computadores que jogam xadrez, capazes de vencer os melhores jogadores humanos.
- Tentativas de equipar computadores com conhecimento do senso comum.
- Sistemas de visão de computadores capazes de recuperar informações sobre objetos em uma cena capturada por uma câmera.
- Shakey, um robô capaz de realizar tarefas usando várias tecnologias, como visão, planejamento e processamento de linguagem natural.

Sentir-Pensar-Agir

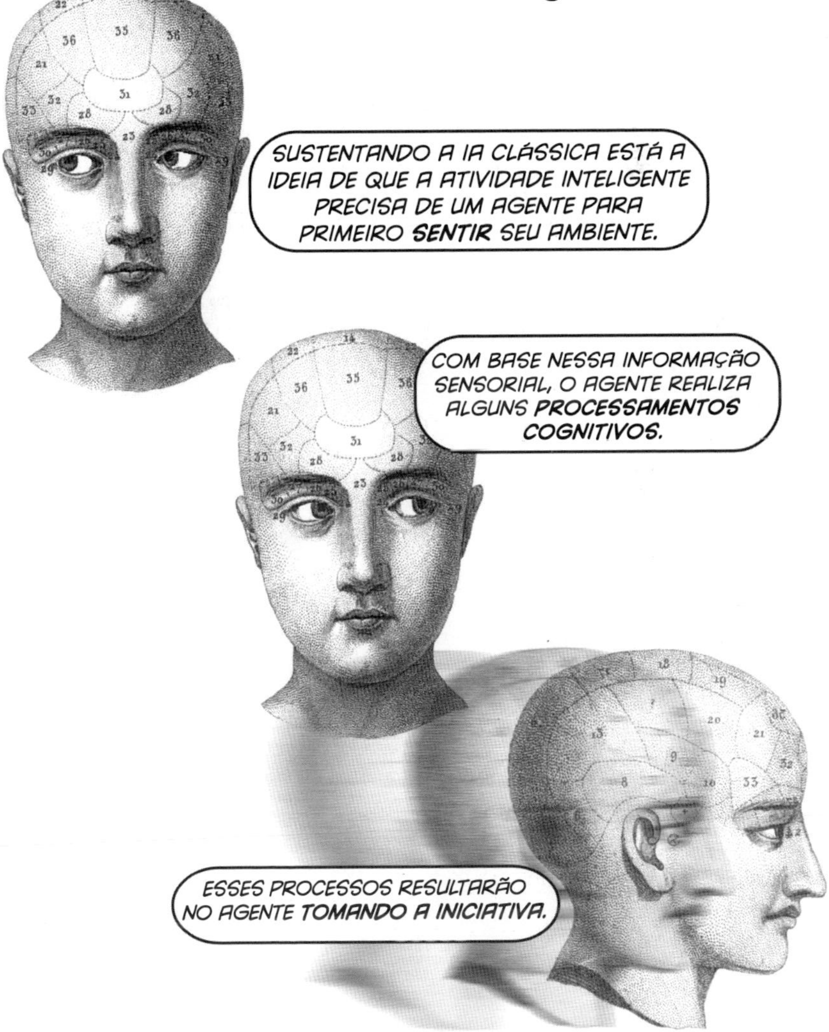
SUSTENTANDO A IA CLÁSSICA ESTÁ A IDEIA DE QUE A ATIVIDADE INTELIGENTE PRECISA DE UM AGENTE PARA PRIMEIRO SENTIR SEU AMBIENTE.
COM BASE NESSA INFORMAÇÃO SENSORIAL, O AGENTE REALIZA ALGUNS PROCESSAMENTOS COGNITIVOS.
ESSES PROCESSOS RESULTARÃO NO AGENTE TOMANDO A INICIATIVA.

Em suma, a ligação entre a percepção e a ação é mediada pelo ato da cognição.

ALÉM DE ELSIE

Como veremos, o robô Shakey possui capacidades cognitivas bem além das encontradas na tartaruga robótica de W. Grey Walter, a Elsie. Lembre-se do que faltava em Elsie...

- Ela não tinha conhecimento de onde estava ou para onde iria.
- Não estava programada para atingir metas.
- Tinha pouca ou nenhuma capacidade cognitiva.

Elsie não tinha as capacidades que a IA clássica busca entender: habilidades cognitivas como raciocínio, aprendizado, visão e compreensão da língua.

EM CONTRASTE COM ELSIE, SHAKEY SE DESTACA COMO UM EXCELENTE EXEMPLO DE UM ROBÔ COGNITIVO.
SHAKEY TEM COMO BASE UMA SÉRIE DE TECNOLOGIAS DE IA. MAS, ANTES DE SHAKEY SER CONSTRUÍDO, OS PESQUISADORES PRECISARAM CONSIDERAR SUAS PARTES CONSTITUINTES.

MODELAGEM COGNITIVA

Muito da IA depende de *modelagem cognitiva*. Isso significa a construção de modelos de computadores que executam alguma função cognitiva.

A MANEIRA COM QUE ESSES MODELOS REALIZAM A TAREFA PODE REFLETIR UMA TEORIA DE COGNIÇÃO HUMANA.
DE FORMA ALTERNATIVA, O MODELO COGNITIVO PODE ENGLOBAR UMA MANEIRA INTEIRAMENTE NOVA DE RESOLVER O PROBLEMA, COM A APLICAÇÃO DE MÉTODOS NÃO ENCONTRADOS NA NATUREZA.

Mas o problema não foi resolvido. A construção de um modelo de trabalho não se constitui por si só uma *explicação* para a coisa sendo modelada.

UM MODELO NÃO É UMA EXPLICAÇÃO

Imagine alguém entregando a você um diagrama de conexões do cérebro humano – um mapa completo da estrutura neural do cérebro. Ao usar esse diagrama de conexões cerebrais, você pode construir um cérebro mecânico.

IMAGINE QUE O RESULTADO SEJA UMA MÁQUINA CAPAZ DE APRENDER, RACIOCINAR, ALÉM DE OUTRAS CAPACIDADES COGNITIVAS.
AGORA, VOCÊ REALMENTE TEM UMA EXPLICAÇÃO SATISFATÓRIA DA COGNIÇÃO HUMANA?

Por exemplo, o modelo nos ajudaria a entender os processos cognitivos, como a relação entre memória de curto e de longo prazo. O problema é que precisamos ter um modelo de trabalho, embora não entenda o modelo da forma que gostaríamos.

O NEMATÓDEO

De fato, temos um diagrama de conexões de todo o sistema nervoso de um nematódeo chamado *Caenorhabditis elegans*. A biologia desse verme é notavelmente bem-compreendida. Em 2002, Sydney Brenner, H. Robert Horvitz e John E. Sulston ganharam o Nobel em fisiologia pelo trabalho que revelava precisamente como o verme adulto (aproximadamente um milímetro de comprimento) desenvolve-se a partir de seu DNA.

COMO O VERME É TRANSPARENTE, TODAS AS 959 CÉLULAS QUE CONSTITUEM UM VERME MADURO PODEM SER RECONHECIDAS A PARTIR DA CONCEPÇÃO DE UMA ÚNICA CÉLULA.
ALGUMAS DESSAS CÉLULAS - OS NEURÔNIOS - CONSTITUEM O CÉREBRO DO VERME, ENQUANTO OUTRAS SÃO USADAS PARA CONSTRUIR ESTRUTURAS CELULARES, COMO OS ÓRGÃOS DOS SENTIDOS E OS MÚSCULOS.

John Sulston

ENTENDENDO DE FATO O COMPORTAMENTO

Esses recentes avanços no entendimento do *Caenorhabditis elegans* são fundamentais para a biologia. O caminho do desenvolvimento de uma única célula até um organismo maduro envolve uma série de interações extremamente complexas.

O CAENORHABDITIS ELEGANS É SIMPLES O SUFICIENTE PARA CONSEGUIRMOS OBTER UM MAPA DETALHADO DE SUA ESTRUTURA CELULAR.
MAS, EMBORA ESSE VERME SEJA BEM-COMPREENDIDO NO NÍVEL NEURAL, A MANEIRA COM QUE AS ESTRUTURAS NEURAIS SÃO CONFIGURADAS PARA PRODUZIR O COMPORTAMENTO NÃO É NEM UM POUCO COMPREENDIDA.

Assim, mesmo que decidamos construir o nematódeo com base no diagrama de conexões, ainda haverá uma lacuna enorme em nosso entendimento do mecanismo de controle que fundamenta o comportamento do *Caenorhabditis elegans*.

REDUZINDO O NÍVEL DE DESCRIÇÃO

Um dos problemas com uma explicação baseada em um diagrama de conexões detalhado é que o nível de descrição fica muito refinado para ser útil. Mas qual é o vocabulário conceitual adequado para explicar processos cognitivos? A IA clássica, ao explorar a hipótese de Newell e Simon, propõe-se a explicar a cognição nos termos de um programa de computador manipulando representações simbólicas.

A IA CLÁSSICA ADOTA A METÁFORA DE UM COMPUTADOR RODANDO UM PROGRAMA COMO MODELO PARA O ENTENDIMENTO DA MENTE.
ESPERA-SE QUE, ASSIM, TENHAMOS UMA IMAGEM MAIS SIMPLES DO QUE A QUE PODE SER COLETADA DAS EXPLICAÇÕES COM BASE EM MILHÕES DE INTERAÇÕES ELETROQUÍMICAS ENTRE NEURÔNIOS.

SIMPLIFICANDO O PROBLEMA

O evidente entusiasmo nas primeiras pesquisas de IA foi moderado pela percepção de que, na verdade, o problema é excepcionalmente difícil. Por exemplo, inicialmente, nos anos 1950, achava-se que a tradução automática seria uma proposta viável e sem problemas.

A TRADUÇÃO AUTOMÁTICA DO RUSSO PARA O INGLÊS, POR EXEMPLO, SERIA EM GRANDE PARTE UMA QUESTÃO DE CONSTRUIR DICIONÁRIOS MECÂNICOS ADEQUADOS.
PESQUISADORES LOGO DESCOBRIRAM QUE ESSE NÃO ERA O CASO.

Em 1963, depois de gastar 20 milhões de dólares em pesquisas sobre tradução automática, a agência de financiamento dos EUA concluiu: "Não há perspectiva futura nem imediata de uma tradução automática útil" – Conselho Nacional de Pesquisa da Academia Nacional de Ciência dos EUA, 1963.

Diante de um problema difícil, a pesquisa da IA geralmente começará o simplificando. São realizados com frequência dois tipos de simplificações.

DECOMPOR E SIMPLIFICAR

Felizmente, as funções cerebrais cognitivas não são parte de uma massa complexa que não pode ser decomposta. Muitos já argumentaram que nosso cérebro é estruturado como uma série de subcomputadores interconectados. Alguns parecem funcionar de forma independente, o que é uma boa notícia para a IA. O psicólogo Jerry Fodor, nos anos 1980, propôs que a mente é amplamente composta de uma série de módulos específicos para cada tarefa.

OS DADOS SENSORIAIS SÃO TRANSFORMADOS QUANDO ATRAVESSAM ESSES MÓDULOS E CADA MÓDULO ENVOLVE A SOLUÇÃO PARA UMA TAREFA ESPECÍFICA.
DE FORMA SIGNIFICANTE, MUITOS DELES NÃO CONSEGUEM LER CONTEÚDOS DE OUTROS MÓDULOS - SÃO SISTEMAS AUTÔNOMOS.

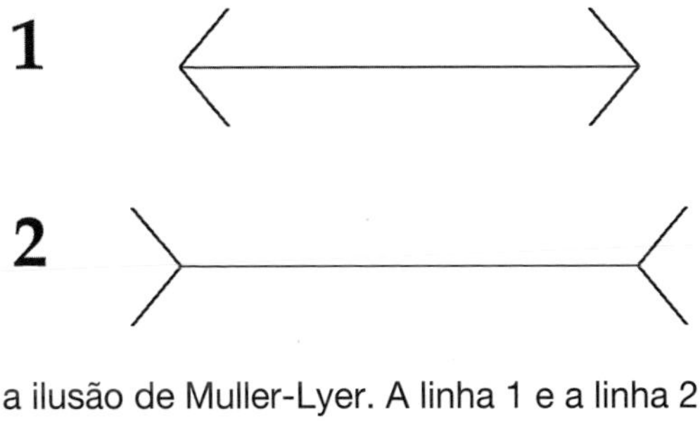
1
2

Considere a ilusão de Muller-Lyer. A linha 1 e a linha 2 são do mesmo comprimento, embora a linha 2 pareça ser mais longa. Mesmo que tenhamos um conhecimento que nos diz que as duas linhas são do mesmo tamanho, nossa percepção das duas setas não está a par dessa informação. Nosso "módulo" de percepção deve estar funcionando independentemente desse conhecimento.

A BASE DO MÓDULO

Assim, se admitirmos a modularidade da mente, então, ao empregarmos cada módulo, tentando compreendê-los de forma que possam ser construídos, o progresso rumo à meta da IA de entendimento e construção das capacidades cognitivas pode avançar de módulo em módulo. Em vez de expandir um modelo de cognição no mundo real, é muito mais simples construir um mundo virtual simplificado. Um *micromundo* é um mundo virtual simplificado.

OS MICROMUNDOS PRETENDEM CAPTURAR AS PARTES RELEVANTES DO MUNDO REAL MAIS COMPLEXO.
AO ABSTRAIR OS DETALHES SANGRENTOS QUE TORNAM O MUNDO REAL TÃO COMPLEXO, OS MICROMUNDOS FACILITAM A CONSTRUÇÃO DE MODELOS.

O MICROMUNDO

O micromundo perfeito é um *mundo em blocos*, um mundo tridimensional composto de blocos coloridos, pirâmides, e de outros sólidos geométricos.

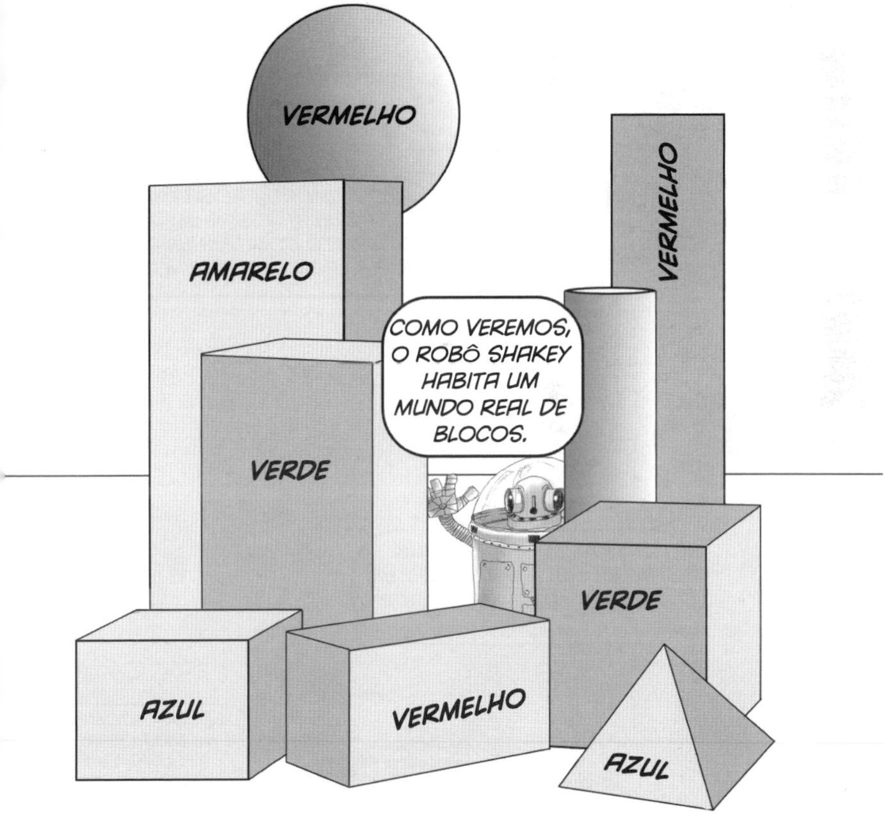

Outros programas de IA operam dentro de um mundo virtual de blocos, o mundo modelado pelo próprio computador. Ao construir uma máquina capaz de operar em um micromundo, temos a esperança de que esse mesmo tipo de máquina possa ser generalizado para funcionar em ambientes mais complexos.

SUCESSOS ANTERIORES: JOGOS

Jogos como damas e xadrez oferecem o ambiente ideal de trabalho para um programa de IA. O tipo de competência necessária para jogá-los é extremamente especializado. Os micromundos que os jogos apresentam são aqueles de regras estritas, ambientes descomplicados e consequências previsíveis. A IA desenvolve-se nessas propriedades e, como resultado, as máquinas de jogos são muito bem-sucedidas.

O PRIMEIRO PROGRAMA DE XADREZ A JOGAR UM JOGO COMPLETO COM UM HUMANO FOI CRIADO POR ALAN TURING EM 1951.
LOGO DEPOIS, ARTHUR SAMUEL (1901-90) CRIOU UM PROGRAMA PARA JOGAR XADREZ.
ELE LOGO COMEÇOU A ME DERROTAR COM REGULARIDADE.

PROGRAMA DE AUTOAPRIMORAMENTO

Como resultado do aprendizado dessa experiência, o programa seguiu se aprimorando rapidamente e logo derrotou um campeão de damas. O campeão fez um comentário depois da derrota em 1965...

EVENTOS REAIS
EVENTOS HIPOTÉTICOS
SUPORTE
COM RELAÇÃO AO FINAL DO JOGO, NÃO HAVIA TIDO UMA COMPETIÇÃO ASSIM COM QUALQUER SER HUMANO DESDE 1954, QUANDO PERDI MINHA ÚLTIMA PARTIDA.

Essa vitória da máquina sobre o homem é muito citada, e por uma boa razão. Ela demonstra uma lição importante: as capacidades de um agente artificial não são necessariamente restritas pelas capacidades do criador. O programa de Samuel joga damas melhor do que ele.

REPRESENTANDO O JOGO INTERNAMENTE

A maioria das máquinas de jogos funciona com a construção de uma representação simbólica chamada de *árvore de jogo*. A partir da posição inicial, a árvore de jogo detalha todas as formas possíveis pelas quais o jogo pode se desdobrar. A representação é simbólica: pode usar um símbolo para representar uma peça branca e outro símbolo para representar uma peça preta.

AO USARMOS ESSES SÍMBOLOS BÁSICOS, JUNTAMENTE COM UMA REPRESENTAÇÃO DO TABULEIRO, PODEMOS REPRESENTAR POSIÇÕES DENTRO DO COMPUTADOR.
POR EXEMPLO, AQUI ESTÁ PARTE DE UMA ÁRVORE DE JOGO PARA UM JOGO DA VELHA.
1° movimento (humano)
2° movimento (computador)
3° movimento (humano)

São mostrados dois caminhos possíveis através da árvore. Esses dois caminhos representam dois jogos possíveis.

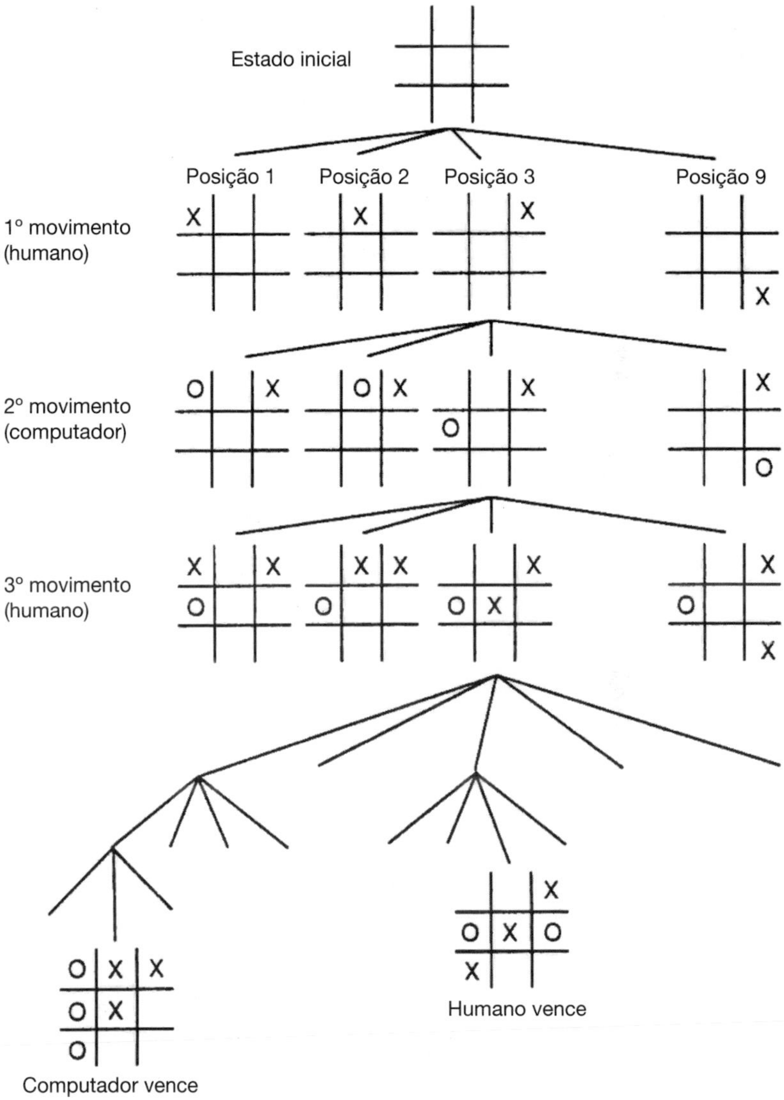

Diferente de um humano, um computador pode facilmente gerar a árvore de jogo e mantê-la na memória. Ao usar essa representação interna, o computador pode, então, se antecipar e ver as consequências precisas de suas ações.

EXPLORAÇÃO DE "BUSCA DE ESPAÇO" PELA FORÇA BRUTA

O jogo da velha não é muito exigente. A maioria das pessoas logo percebe que pode garantir ao menos um empate ao empregar uma estratégia simples.

DA MESMA FORMA, CRIAR UM PROGRAMA DE COMPUTADOR PARA ALCANÇAR ESSE NÍVEL DE COMPETÊNCIA É FÁCIL, PORQUE O JOGO DA VELHA TEM UMA ÁRVORE DE JOGO RELATIVAMENTE PEQUENA - INCLUI APENAS 362.880 POSIÇÕES POSSÍVEIS NO TABULEIRO.

Ao gerar a árvore de jogo inteira, o computador pode sempre tomar a decisão correta ao se antecipar. Isso pode garantir uma vitória ou um empate. O elemento surpresa é removido, uma vez que você consegue ver como todos os jogos possíveis se desdobram.

ESPAÇOS INFINITOS DE XADREZ

O espaço com todos os jogos da velha possíveis é insignificante comparado ao número de jogos possíveis de xadrez. Um dos maiores mestres do xadrez do mundo, Garry Kasparov, expressou essa dificuldade com perfeição.

O NÚMERO DE MOVIMENTOS POSSÍVEIS NO XADREZ EXCEDE O NÚMERO DE ÁTOMOS NO UNIVERSO. É UM NÚMERO INCALCULÁVEL.
Mond
Erde
SONNE
Wendekreis des Krebses
Ekliptik des Himmels
Wendekreis des Steinbocks

Com o xadrez, olhar com antecipação, mesmo um número moderado de movimentos, é impraticável. O número de combinações é grande demais para ser contemplado. A árvore de jogo para o xadrez não cabe no universo, imagine na memória de um computador.

SOBREVIVENDO COM A HEURÍSTICA

No xadrez, as posições vitoriosas no tabuleiro estão situadas no fundo da árvore de jogo. Os computadores que jogam xadrez não podem chegar a essas posições através da busca. Demoraria demais. Em vez disso, antecipam apenas determinada distância. Com uma medida que reflete como é vantajosa uma dada posição no tabuleiro, essas posições intermediárias são classificadas e a melhor é escolhida.

7
3
1
5
A CLASSIFICAÇÃO É OBTIDA PELA AVALIAÇÃO DE UMA PONTUAÇÃO PARA CADA POSIÇÃO NO TABULEIRO...
A PONTUAÇÃO, CALCULADA USANDO UMA **FUNÇÃO DE AVALIAÇÃO**, REFLETE O QUÃO BOA É A POSIÇÃO CONSIDERANDO O CONHECIMENTO TÁTICO - COMO O FATO DE QUE PERDER UMA PEÇA É UMA MÁ IDEIA - ASSIM COMO UMA ESTRATÉGIA TÁTICA DE UM NÍVEL MAIS ELEVADO.

Essas regras de bolso táticas são chamadas de *heurísticas* e afloram por todo o sistema de IA. A heurística não garante sucesso ou exatidão, mas oferece uma boa aproximação. A heurística é usada quando métodos mais exaustivos e precisos são impraticáveis.

DEEP BLUE

Talvez a vitória mais lendária da máquina sobre o homem tenha ocorrido em 1987. O computador de xadrez construído pela IBM, o Deep Blue, derrotou Garry Kasparov, o jogador mais bem classificado no mundo. Esse foi um marco para a IA.

IBM
A COMUNIDADE DA IA CRIOU UMA MÁQUINA QUE PODERIA DERROTAR UM HUMANO ALTAMENTE CAPACITADO E DEDICADO EM UMA TAREFA QUE A MAIORIA DAS PESSOAS CONSIDERA EXIGIR INTELIGÊNCIA.
GARRY KASPAROV
DEEP BLUE
MAS A VITÓRIA DO DEEP BLUE SOBRE KASPAROV CONSTITUI DE FATO UM MARCO SIGNIFICANTE PARA A IA?

"O Deep Blue é surpreendentemente eficaz em solucionar problemas de xadrez, mas é menos 'inteligente' do que o humano mais estúpido."

Website do Deep Blue da IBM

FALTA DE PROGRESSO

Os computadores que jogam xadrez esclarecem a questão da cognição mecanizada. Eles descaradamente dependem da habilidade das máquinas para considerar centenas de milhões de movimentos por segundo. Kasparov só consegue examinar um máximo de três movimentos por segundo. O Deep Blue venceu usando a força bruta, não o cérebro.

AO CITAR O DEEP BLUE COMO UM DOS POUCOS EXEMPLOS DE SUCESSO DA IA, ALGUNS, DENTRO DA PRÓPRIA IA, VEEM ISSO COMO UM REFLEXO DA FALTA DE PROGRESSO DA IA.
O DEEP BLUE DEPENDE MAIS DOS ARTIFÍCIOS MECÂNICOS DO QUE DA DESTREZA CEREBRAL.

Apregoar o Deep Blue como um sucesso equivale a IA erguer as mãos e admitir a falta de progresso em reproduzir qualquer coisa que até mesmo se aproxime da cognição humana.

DANDO CONHECIMENTO ÀS MÁQUINAS

Nosso mundo é mais como o xadrez do que como o jogo da velha. Nunca conseguimos planejar com muita antecedência; o número de possibilidades disponíveis no nosso dia a dia é muito vasto para ser contemplado.

AS MÁQUINAS QUE JOGAM XADREZ SE BASEIAM NO CONHECIMENTO CODIFICADO EM SUAS FUNÇÕES DE AVALIAÇÃO.
DA MESMA FORMA QUE TEMOS CONHECIMENTO PARA NOS AJUDAR A OPERAR EM UM AMBIENTE COMPLEXO.

LÓGICA E PENSAMENTO

A ideia de que conhecimento pode ser formalizado não é nova. Há séculos, o ato de pensar é visto como cálculo baseado no raciocínio lógico. A hipótese do sistema físico simbólico de Newell e Simon tem suas raízes no trabalho do filósofo **Thomas Hobbes** (1588-1679).

HOBBES ARGUMENTAVA QUE O PENSAMENTO ERA MERAMENTE A MANIPULAÇÃO SINTÁTICA DAS UNIDADES ATÔMICAS BÁSICAS...
E, ESSAS, QUANDO UNIDAS, PODIAM DESCREVER AS RICAS ESTRUTURAS NECESSÁRIAS PARA O CONHECIMENTO E O PENSAMENTO.
QUANDO O HOMEM RACIOCINA, NADA MAIS FAZ DO QUE CONCEBER UMA SOMA TOTAL A PARTIR DA ADIÇÃO DE PARCELAS.

As "parcelas" de Hobbes eram as unidades básicas do pensamento, assim como símbolos são básicos para a hipótese do sistema físico simbólico de Newell e Simon.

As ideias de Hobbes foram avançadas pelo matemático e filósofo **Gottfried Wilhelm Leibniz** (1646-1716), que tentou identificar um sistema adequado de parcelas – uma linguagem lógica. Leibniz imaginava anotar todos os fatos conhecidos ao homem nessa linguagem, que chamou de *Characteristica Universalis*.

ENTÃO, POR MEIO DE CÁLCULO, LEIBNIZ ACREDITAVA QUE CONSEGUIRIA RESOLVER QUALQUER PROBLEMA.
$\frac{1}{2}\sin x\cos x \leq \frac{x}{2} \leq \frac{1}{2}\tan x$
ATÉ MESMO DEBATES MORAIS PODERIAM SER RESOLVIDOS POR MEIO DE UM SIMPLES CÁLCULO.
UMA VEZ QUE OS NÚMEROS CARACTERÍSTICOS [ÁTOMOS] ESTEJAM ESTABELECIDOS PARA A MAIORIA DOS CONCEITOS, A HUMANIDADE POSSUIRÁ UM NOVO INSTRUMENTO QUE AUMENTARÁ A CAPACIDADE DA MENTE EM EXTENSÃO MUITO MAIOR DO QUE A QUE OS INSTRUMENTOS ÓPTICOS FORTALECEM OS OLHOS, E SUPLANTARÁ O MICROSCÓPIO E O TELESCÓPIO NO MESMO GRAU EM QUE A RAZÃO É SUPERIOR À VISÃO.

Raciocínio lógico exige a manipulação das frases descritas em uma linguagem lógica. Essas frases podem ser interpretadas como representando conceitos, como o estado de coisas no mundo – ou conhecimento. Ao usar computadores para automatizar esse processo, a IA pegou a ideia da "lógica como pensamento" e criou a partir dela.

O PROJETO CYC E A FRAGILIDADE

Embora muitos pensadores tenham explorado a relação entre a lógica e o pensamento, poucos traduziram suas ideias em um projeto de engenharia tão ousado quanto Doug Lenat, pesquisador de IA e responsável pelo projeto CYC. O projeto CYC (da palavra enciclopédia em inglês "en**CYC**clopedia") que começou em 1984, é inigualável em sua meta de dotar as máquinas com conhecimento de senso comum. Lenat descreve esse projeto como "primeira incursão da humanidade na engenharia ontológica em larga escala". Milhões de dólares foram gastos nesse projeto de vinte anos para coletar mais de 10 milhões de fatos.

É RELATIVAMENTE FÁCIL EQUIPAR OS SISTEMAS DE IA COM CONHECIMENTO ESPECIALIZADO.
PORÉM, MESMO UM LEVE DESVIO DA ESPECIALIZAÇÃO REDUZIDA DA MÁQUINA INEVITAVELMENTE PRODUZIRÁ CONTRASSENSOS. CHAMAMOS ISSO DE FRAGILIDADE...
PERGUNTE A UM PROGRAMA MÉDICO SOBRE UM CARRO ENFERRUJADO E ELE DESPREOCUPADAMENTE DIAGNOSTICARÁ SARAMPO.

O objetivo do CYC é suavizar o problema da fragilidade através da codificação do conhecimento de senso comum que todos partilhamos. Diante da dificuldade dessa tarefa, Lenat observa...

MUITO DAS HABILIDADES E SUPOSIÇÕES QUE SÃO PRÉ-REQUISITOS TORNAM-SE IMPLÍCITAS ATRAVÉS DOS MILÊNIOS DA EVOLUÇÃO CULTURAL E BIOLÓGICA E ATRAVÉS DAS EXPERIÊNCIAS UNIVERSAIS DA PRIMEIRA INFÂNCIA.
ANTES QUE AS MÁQUINAS POSSAM PARTILHAR CONHECIMENTO COM A MESMA FLEXIBILIDADE QUE AS PESSOAS, ESSES PRÉ-REQUISITOS DE ALGUM MODO PRECISAM SER RECAPITULADOS DE FORMA EXPLÍCITA E COMPUTÁVEL.

Alguns já traçaram um paralelo entre o projeto de Lenat e o de Leibniz. Uma porção grande de nossa concepção do mundo pode ser realmente capturada de alguma forma lógica de linguagem? Como veremos depois, a ideia de que nosso conhecimento implícito do mundo pode ser formalizado é controversa.

O PROJETO CYC PODE SER BEM-SUCEDIDO?

O projeto CYC está entrando na sua fase final, com Lenat prevendo 50% de chance de sucesso. Além dos benefícios práticos de um projeto CYC exitoso, o objetivo teórico é testar a hipótese de Newell e Simon. O senso comum é algo que pode ser formalizado e automatizado pelo uso de representações simbólicas?

UM PROJETO CYC BEM-
-SUCEDIDO SURPREENDERÁ
MUITAS PESSOAS.
UM PROJETO CYC
FRACASSADO
SERÁ DE INTERESSE
LIMITADO...
TALVEZ NO CYC SÓ ESTEJAM
FALTANDO ALGUMAS REGRAS
OU FATOS IMPORTANTES.

Uma justificativa recorrente para a inadequação dos sistemas com base na lógica é a defesa "só mais uma regra". Ao invés de questionar o empreendimento como um todo, a tendência é perseverar com a forte ideia do conhecimento formalizado que remonta a Hobbes.

UM ROBÔ COGNITIVO: SHAKEY

Shakey, um robô móvel autônomo, é o exemplo clássico de como técnicas múltiplas de IA podem ser combinadas de forma bem-sucedida. Em contraste com Elsie, dentro de Shakey acontece muita coisa. Ele foi o primeiro robô a ser controlado por um computador. Construído no Instituto de Pesquisa de Stanford, no final dos anos 1960, Shakey tem o tamanho de um refrigerador e se move sobre rodinhas.

EU ME MOVIMENTO COM O AUXÍLIO DE UM TELÊMETRO ÓTICO, DETECTORES DE CHOQUE, MAS, PRINCIPALMENTE, UTILIZANDO UMA CÂMERA DE TV.
DEVIDO AO PESO DE SEU HARDWARE, SHAKEY TENDE A SE SACUDIR QUANDO SE MOVIMENTA. POR ISSO O NOME.

O AMBIENTE DE SHAKEY

Shakey ocupava um ambiente simplificado, composto de um conjunto de salas ligadas por um corredor. As salas eram abertas e continham objetos em forma de caixas.

Como o ambiente era restrito, Shakey podia trabalhar de forma confiável na localização de blocos usando um sistema de visão de máquina.

PERCEBER-MODELAR-PLANEJAR-ATUAR

O modelo de Shakey reflete a visão tradicional de que um agente deveria ser decomposto em quatro componentes funcionais. Esse modelo gira em torno do ciclo perceber-modelar-planejar-agir. Primeiro, o agente percebe o mundo. Depois, um modelo do mundo é construído com base em *inputs* sensoriais. Com esse modelo, um plano pode ser construído para guiar a maneira com que o agente executará as ações no mundo.

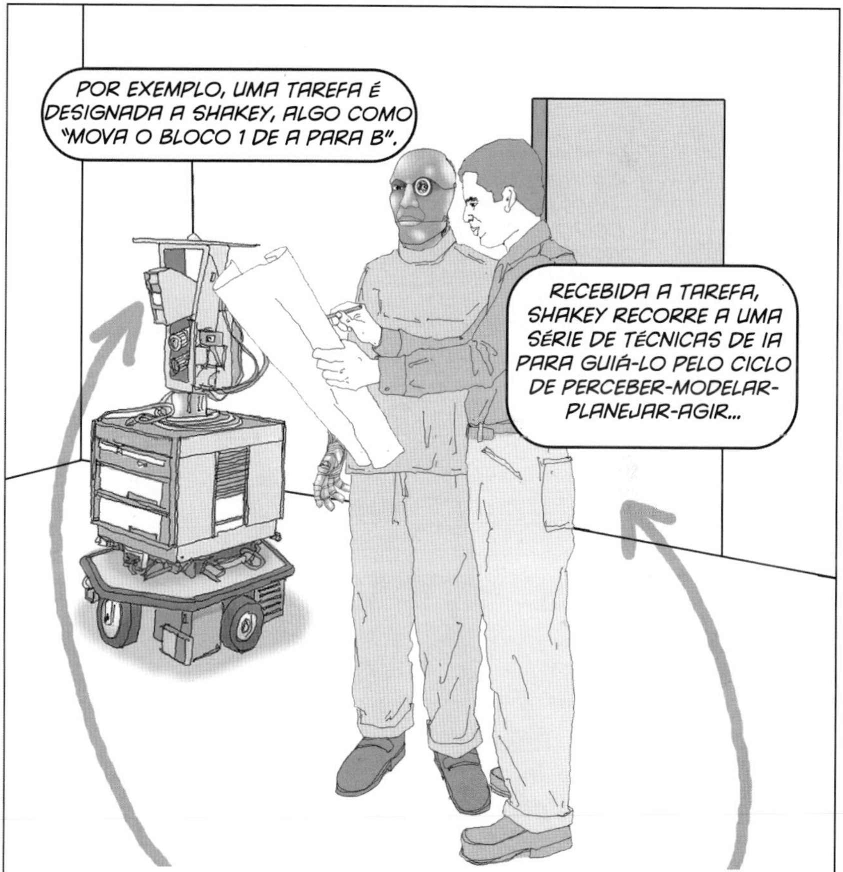
POR EXEMPLO, UMA TAREFA É DESIGNADA A SHAKEY, ALGO COMO "MOVA O BLOCO 1 DE A PARA B".
RECEBIDA A TAREFA, SHAKEY RECORRE A UMA SÉRIE DE TÉCNICAS DE IA PARA GUIÁ-LO PELO CICLO DE PERCEBER-MODELAR-PLANEJAR-AGIR...

- Técnicas de visão de máquina para localizar os blocos.
- Planejamento do caminho, para manobrar em direção aos locais.
- Planejamento simbólico de alto nível para dividir a tarefa em um plano ordenado e manejável.

LIMITADO AO PLANO

Ao mudar os blocos de lugar, conforme o plano, Shakey pode completar a tarefa que lhe foi determinada. Por exemplo, o plano poderia requerer a colocação de uma cunha, agindo como uma rampa para mover um bloco localizado em cima de outro. Devido ao peso, as rodas de Shakey escorregavam e, como resultado, sua movimentação tornou-se imprecisa.

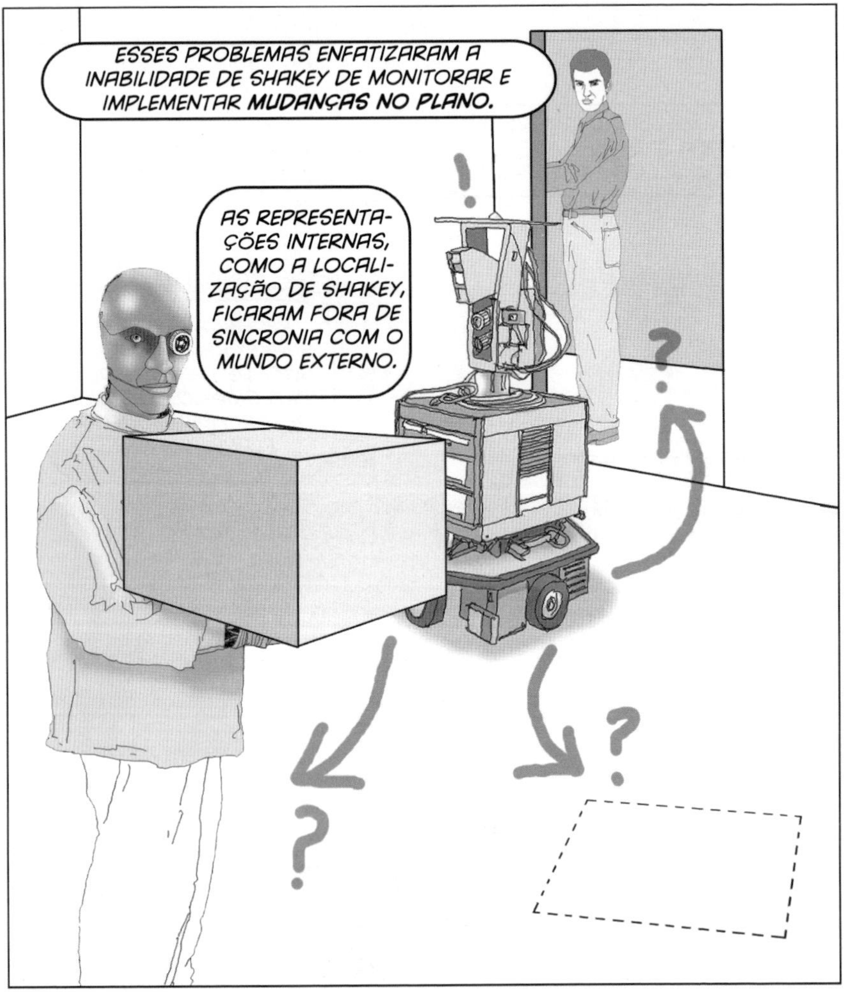

ESSES PROBLEMAS ENFATIZARAM A INABILIDADE DE SHAKEY DE MONITORAR E IMPLEMENTAR **MUDANÇAS NO PLANO.**
AS REPRESENTAÇÕES INTERNAS, COMO A LOCALIZAÇÃO DE SHAKEY, FICARAM FORA DE SINCRONIA COM O MUNDO EXTERNO.

O modelo de planejamento era monolítico. Depois que o plano era colocado em ação, Shakey ignorava as informações do mundo real. Por exemplo, se alguém secretamente removesse o bloco em que Shakey estava interessado, ele ficaria muito confuso.

O NOVO SHAKEY

Esforços para minimizar os problemas de Shakey resultaram em aperfeiçoamentos. Introduziu-se um monitoramento do nível mais baixo de movimento para se chegar a uma sincronização mais precisa.

SEMPRE QUE AS IMPRECISÕES ERAM PROVÁVEIS, O SISTEMA GARANTIA QUE AS REPRESENTAÇÕES E OS PLANOS FOSSEM FIÉIS AO AMBIENTE PELA RECHECAGEM DA LOCALIZAÇÃO DE SHAKEY.
CORREDOR
Shakey
CAIXA 3
CAIXA 2
SALA B
SALA C

AS LIMITAÇÕES DE SHAKEY

A integração de muitos subsistemas, não originalmente criados tendo Shakey em mente, foi um feito impressionante. O ciclo completo, da percepção à modelagem, planejamento e execução, e finalmente à recuperação do erro, nunca havia chegado a esse nível.

TALVEZ MAIS QUE SIGNIFICÂNCIA, AS LIMITAÇÕES DE SHAKEY ENSINARAM LIÇÕES VALIOSAS AOS ROBOTICISTAS.
PRIMEIRO, MINHA TECNOLOGIA SUBJACENTE DEPENDIA DO FATO DE QUE O AMBIENTE ERA SIMPLIFICADO.

O sistema de visão de máquina sabia o que esperar e o sistema de planejamento só precisava lidar com o movimento dos blocos.

Se o ambiente fosse mais complexo, as técnicas de Shakey não seriam suficientes.

SHAKEY TAMBÉM ERA INTELIGENTE EM ALGUNS ASPECTOS. ESTAVA FAZENDO MUITAS COISAS.
EU GERALMENTE FICARIA PARADO POR ALGUNS MINUTOS ENQUANTO COMPUTAVA PLANOS E CONSTRUÍA ROTAS.

Como o mundo de Shakey era mantido simples, esses problemas se multiplicariam diante de um ambiente mais complexo.

A POSIÇÃO DO CONEXIONISTA

Usando a metáfora de um computador executando um programa, a IA clássica busca explicar a cognição em termos de manipulação das representações simbólicas. A mente manipula as representações simbólicas da mesma forma que um programa manipula dados.

ESSE VOCABULÁRIO EXPLICATIVO, DE ACORDO COM NOSSA HIPÓTESE DO SISTEMA FÍSICO SIMBÓLICO, É **NECESSÁRIO** PARA EXPLICAR A BASE DA AÇÃO INTELIGENTE.
O **CONEXIONISMO**, UMA ABORDAGEM INSPIRADA NA ESTRUTURA NEURAL DOS CÉREBROS HUMANO E ANIMAL, OFERECE UM VOCABULÁRIO EXPLICATIVO ALTERNATIVO.

O conexionismo ganhou popularidade nos anos 1980 e é geralmente descrito como um desvio radical da abordagem clássica e simbólica da IA. Em vez de visualizar os processos da mente como um programa de computador, o conexionismo traça um paralelo entre os processos da mente e os processos do cérebro.

AS INFLUÊNCIAS BIOLÓGICAS

Se analisarmos os sistemas biológicos que sustentam a cognição, vemos cérebros de diversos tamanhos construídos a partir de coleções de *neurônios*.

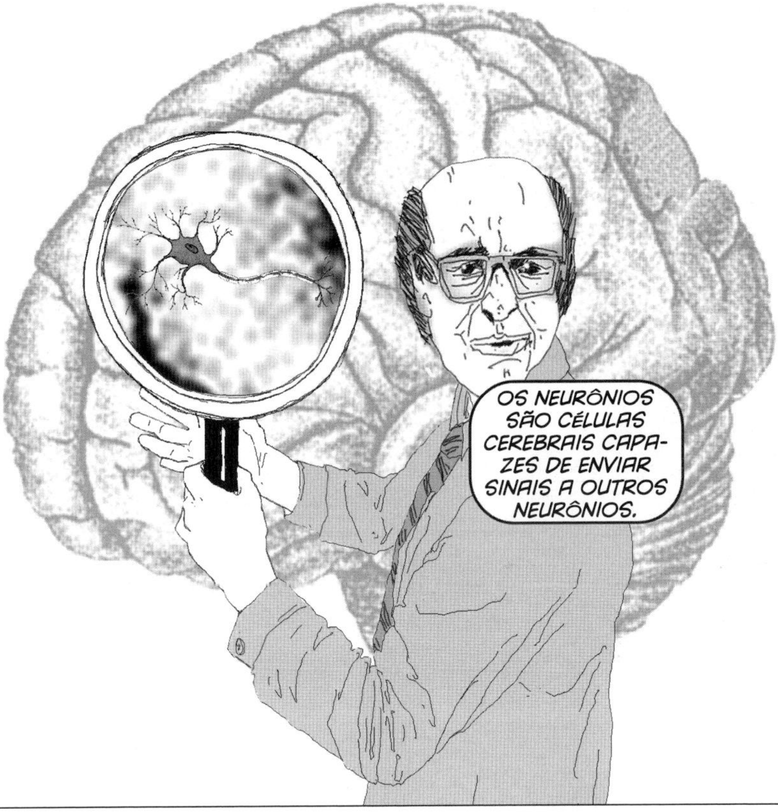

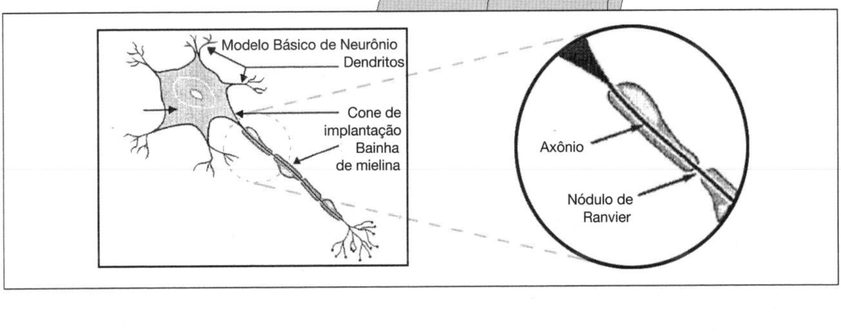

O cérebro humano tem aproximadamente 100 bilhões de neurônios e, em média, cada um deles está ligado a aproximadamente 10 mil outros neurônios por meio de estruturas em forma de cabo chamadas *axônios*.

COMPUTAÇÃO NEURAL

Como vimos antes, grupos de neurônios podem agir como dispositivos de computação e o trabalho de McCulloch e Pitts nos diz que essas configurações de neurônios podem computar a mesma classe de cálculos que uma máquina de Turing.

OS MODELOS CONEXIONISTAS, PORTANTO, NÃO OFERECEM NENHUMA VANTAGEM SOBRE OS MODELOS SIMBÓLICOS NO SENTIDO DOS PROBLEMAS QUE PODEM SOLUCIONAR.
A QUESTÃO É SE O GRUPO DE CONCEITOS ALTERNATIVOS QUE O CONEXIONISMO OFERECE É ÚTIL EM EXPLICAR A **COGNIÇÃO.**

REDES NEURAIS

Modelos conexionistas geralmente tomam a forma de *redes neurais artificiais*, chamadas de *redes neurais*. As redes neurais são grupos de neurônios artificiais configurados para realizar alguns cálculos. As redes neurais estão se tornando cada vez mais conhecidas.

NCC-1701
POR EXEMPLO, OS PERSONAGENS DAS NOVAS GERAÇÕES DE JORNADA NAS ESTRELAS DISCUTEM COM FREQUÊNCIA A REDE NEURAL NO COMPUTADOR DA NAVE ENTERPRISE.

A ANATOMIA DE UMA REDE NEURAL

Os blocos de construção de redes neurais são versões simplificadas dos neurônios biológicos chamados de *unidades de ativação*. Essas unidades têm uma série de conexões de entrada e uma série de conexões de saída. Essas conexões modelam o trabalho realizado por axônios.

AS CONEXÕES DE ENTRADA DISTRIBUEM OS SINAIS ENVIADOS DE OUTROS NEURÔNIOS.
CAPAZ
VIAGEM
TEMPO
ARMADILHA
LEVAR
CARRINHO
A
N
T
G
S
DEPENDENDO DA FORÇA COMBINADA DE TODOS OS SINAIS DE ENTRADA, A UNIDADE DE ATIVAÇÃO ENVIARÁ UM SINAL PARA TODAS AS UNIDADES COM AS QUAIS ESTÁ CONECTADA POR MEIO DE SUAS CONEXÕES DE SAÍDA.

PLAUSIBILIDADE BIOLÓGICA

Muitas vezes esquecemos que as redes neurais são versões altamente abstratas das redes neurais encontradas em cérebros reais. As unidades de ativação só se assemelham aos verdadeiros neurônios em termos gerais.

AS UNIDADES DE ATIVAÇÃO EMITEM UM SINAL NUMÉRICO SIMPLES, AO PASSO QUE OS NEURÔNIOS BIOLÓGICOS EMITEM UMA SÉRIE DE PULSOS.
-1 0 1 2 3
Time (seconds)
DA MESMA FORMA, OS CÉREBROS SÃO CONSTRUÍDOS A PARTIR DE MUITOS TIPOS DIFERENTES DE NEURÔNIOS, MAS AS REDES NEURAIS TENDEM A USAR APENAS UM TIPO DE UNIDADE DE ATIVAÇÃO.

Embora as redes neurais artificiais sejam simplificações grosseiras das redes neurais reais, elas partilham propriedades fundamentais com seus equivalentes biológicos.

PROCESSAMENTO DISTRIBUÍDO PARALELO

Os computadores são mais rápidos que os cérebros.
Os componentes básicos usados pelos processadores do computador são muito mais rápidos do que os neurônios biológicos. O neurônio mais rápido pode transmitir em torno de mil sinais por segundo. Os circuitos elétricos podem operar aproximadamente um milhão de vezes mais rápido.

APESAR DISSO, OS CÉREBROS EXECUTAM OPERAÇÕES EXTREMAMENTE COMPLEXAS COM UMA RAPIDEZ SURPREENDENTE - VOCÊ SÓ LEVA UM DÉCIMO DE SEGUNDO PARA RECONHECER A PRÓPRIA MÃE!

COMPUTAÇÃO PARALELA *VERSUS* COMPUTAÇÃO SERIAL

A grande maioria dos computadores digitais calcula *de forma serial*. Por exemplo, para calcular o resultado de (1 + 4) + (4 x 8), um computador serial primeiro calcularia (1 + 4) e obteria 5, em seguida, calcularia (4 x 8) e obteria 32. Depois, somaria esses dois e teria 37. O cálculo está dividido em uma série de subcálculos realizados um depois do outro. Uma computação *paralela* equivalente calcularia (1 + 4) e (4 x 8) ao mesmo tempo, reduzindo, assim, o tempo do cálculo.
Partes constituintes da computação são calculadas em *paralelo*.

SERIAL

PARALELA

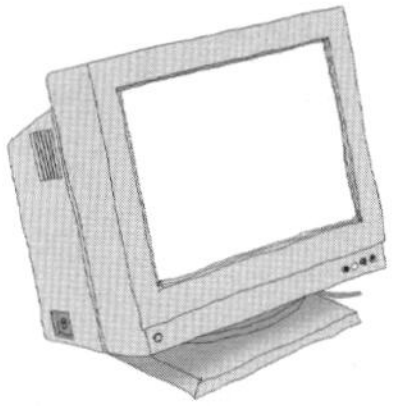

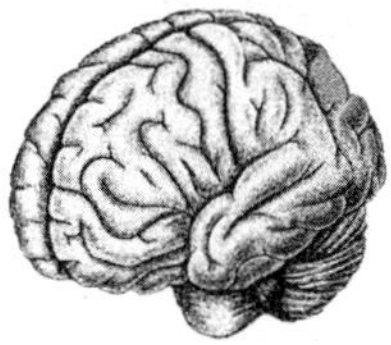

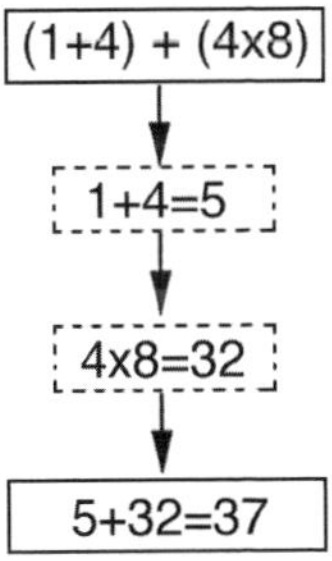

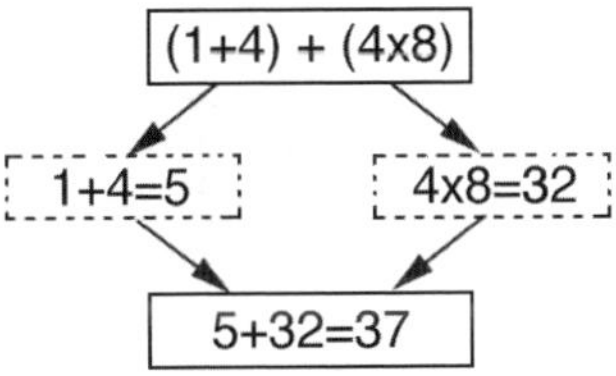

O cérebro é enormemente paralelo, ao passo que a maioria dos computadores trabalha de forma serial. É por isso que o cérebro é tão rápido, apesar de sua máquina ser relativamente lenta. A propriedade do paralelismo presente nas redes neurais torna atraentes os modelos de conexionismo. A maneira pela qual executam a tarefa de processamento é muito mais próxima a como o cérebro a executa.

ROBUSTEZ E A DEGRADAÇÃO GRACIOSA

Se você deliberadamente danificar, mesmo que de leve, qualquer parte da unidade principal de processamento de seu computador, ele para de funcionar. A máquina convencional de computação não é muito robusta. Porém, um leve dano cerebral raramente resultará em alguém caindo morto – pode até mesmo não haver qualquer efeito. Na verdade, o processo de envelhecimento por si resulta na morte de neurônios o tempo todo.

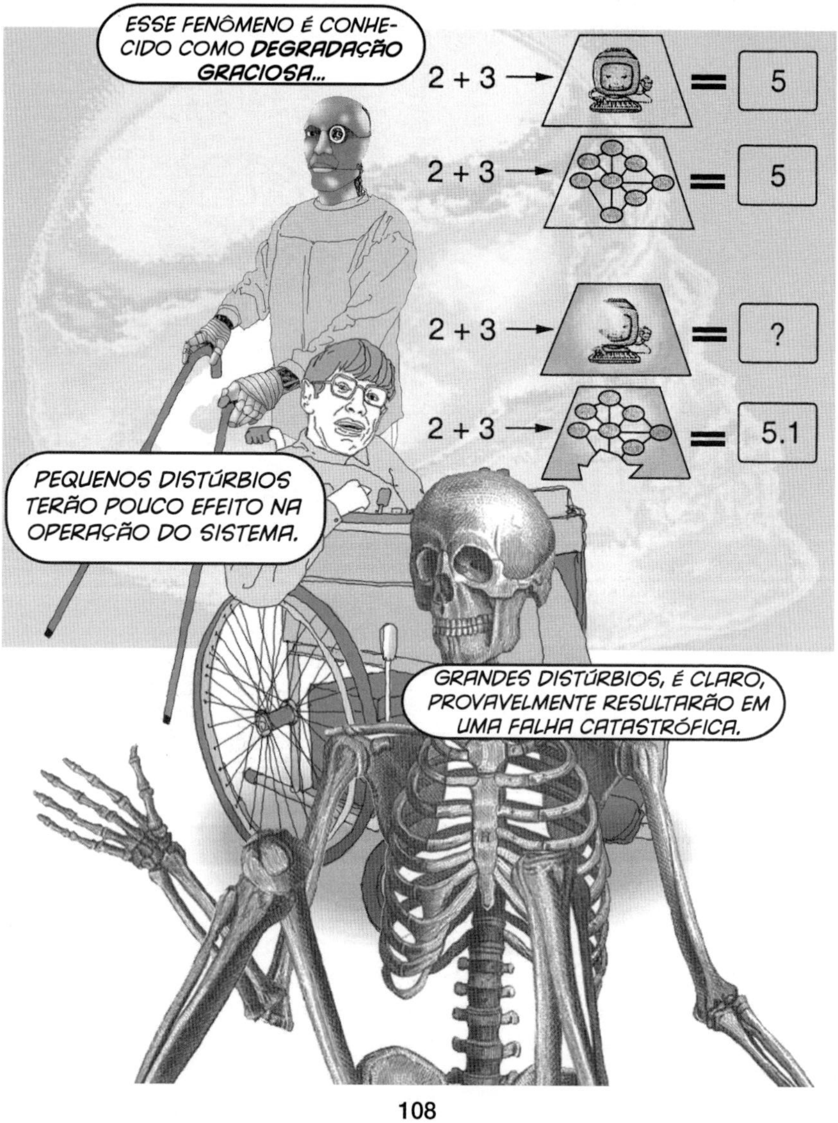
ESSE FENÔMENO É CONHECIDO COMO DEGRADAÇÃO GRACIOSA...
2 + 3 → = 5
2 + 3 → = 5
2 + 3 → = ?
2 + 3 → = 5.1
PEQUENOS DISTÚRBIOS TERÃO POUCO EFEITO NA OPERAÇÃO DO SISTEMA.
GRANDES DISTÚRBIOS, É CLARO, PROVAVELMENTE RESULTARÃO EM UMA FALHA CATASTRÓFICA.

O ponto importante é que o grau de degradação é, em algum sentido, proporcional ao grau de danos no sistema. As redes neurais exibem precisamente esse comportamento desde que cada neurônio aja como um processador separado.

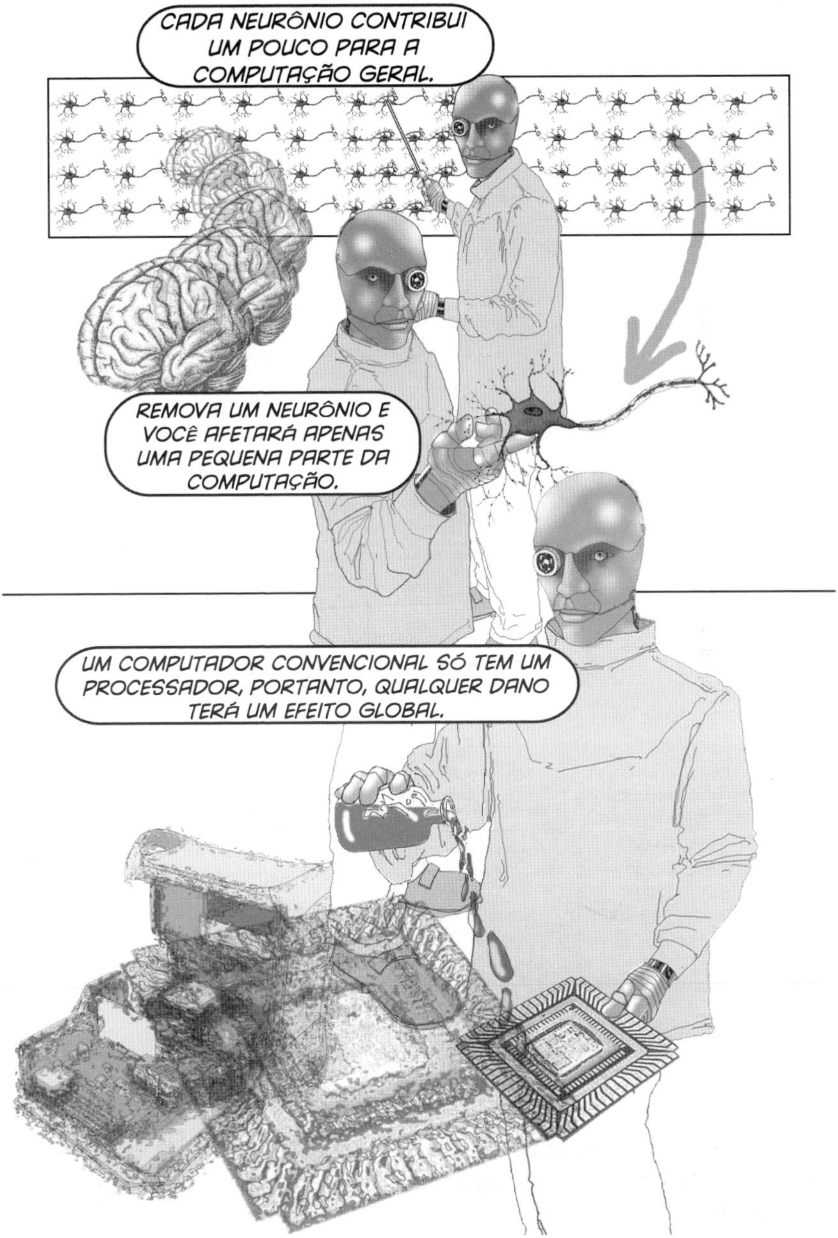
CADA NEURÔNIO CONTRIBUI UM POUCO PARA A COMPUTAÇÃO GERAL.
REMOVA UM NEURÔNIO E VOCÊ AFETARÁ APENAS UMA PEQUENA PARTE DA COMPUTAÇÃO.
UM COMPUTADOR CONVENCIONAL SÓ TEM UM PROCESSADOR, PORTANTO, QUALQUER DANO TERÁ UM EFEITO GLOBAL.

APRENDIZAGEM DE MÁQUINA E CONEXIONISMO

A aprendizagem de máquina é uma vertente da IA que compreende a abordagem clássica simbólica e o conexionismo. Aqui, os modelos de aprendizagem capturam a habilidade de um agente de se aperfeiçoar à luz de informação do ambiente. Geralmente, a habilidade dos sistemas conexionistas para aprender é citada como uma de suas características determinantes e um aspecto bastante atraente aos pesquisadores da IA.

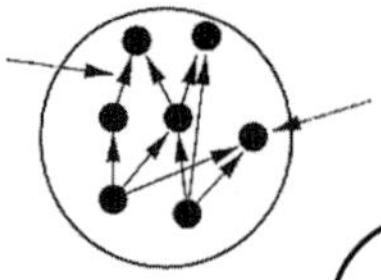

INICIALMENTE, OS SISTEMAS DE CONEXIONISMO ERAM VISTOS COMO UMA SOLUÇÃO MILAGROSA PARA A FALTA DE PROGRESSO DA IA.
ALGUNS VIAM O CONEXIONISMO COMO A ÚNICA SOLUÇÃO.
É VERDADE QUE REDES NEURAIS FORAM APLICADAS COM SUCESSO A UMA ENORME DIVERSIDADE DE PROBLEMAS DE APRENDIZADO.
ABLE
TRAP
TRIP
TAKE
TIME
CART

As abordagens simbólicas também são igualmente adequadas ao aprendizado. A abordagem da rede neural ao aprendizado é uma contribuição para um longo histórico de pesquisa sobre essa principal preocupação da IA.

APRENDIZAGEM EM REDES NEURAIS

Uma grande variedade de problemas foi tratada com o uso dos mecanismos de aprendizagem das redes neurais. Com base na experiência anterior, as redes neurais podem ser treinadas para fazerem associações entre padrões de experiência, alterando a força das conexões entre as unidades de ativação. Por exemplo, as redes neurais foram usadas para atacar os seguintes problemas:

Tomar decisões sobre hipotecas

Quando você solicita em uma hipoteca, a decisão pode depender do resultado de uma rede neural.

A EMPRESA HIPOTECÁRIA TREINOU A REDE NEURAL COM BASE EM MILHARES DE DECISÕES SOBRE HIPOTECAS ANTERIORES.
O OBJETIVO É PREVER QUEM SERÁ UM MAU CLIENTE E QUEM SERÁ UM BOM.

CLASSIFICANDO ECOS SONARES

AS REDES NEURAIS PROVARAM SER SUPERIORES AOS ESPECIALISTAS HUMANOS NA CLASSIFICAÇÃO DE ECOS SONARES, CAPTADOS POR SUBMARINOS, PARA RECONHECER A DIFERENÇA ENTRE ROCHAS E MINAS.

Aprendendo a vocalizar
Uma rede neural, NETtalk, aprende a produzir sons de conversa a partir de fonemas, os blocos de construção das palavras.

PALAVRAS COM QUE A NETTALK NUNCA SE DEPAROU ANTERIORMENTEPRECISÃO.
[C][A][T]
[R][A][T]
[R][O][T]

Jogando damas

AS REDES NEURAIS FORAM TREINADAS PARA JOGAR DAMAS, O QUE, COMO JÁ VIMOS, É UM PROBLEMA CLÁSSICO EM IA, E TRADICIONALMENTE SOLUCIONADO COM O USO DE ABORDAGENS **SIMBÓLICAS**.

Cérebros dos robôs

MUITOS ROBÔS DEPENDEM DAS REDES NEURAIS PARA CONTROLAR COMO SEUS MOVIMENTOS MOTORES DEVEM REAGIR ÀS LEITURAS DOS SENSORES, POR EXEMPLO, APRENDENDO COMO EVITAR OBSTÁCULOS.

REPRESENTAÇÕES LOCAIS

As representações simbólicas são o elemento central da IA clássica. Em um sistema simbólico, as unidades de informações são desviadas e operadas de acordo com o modelo.

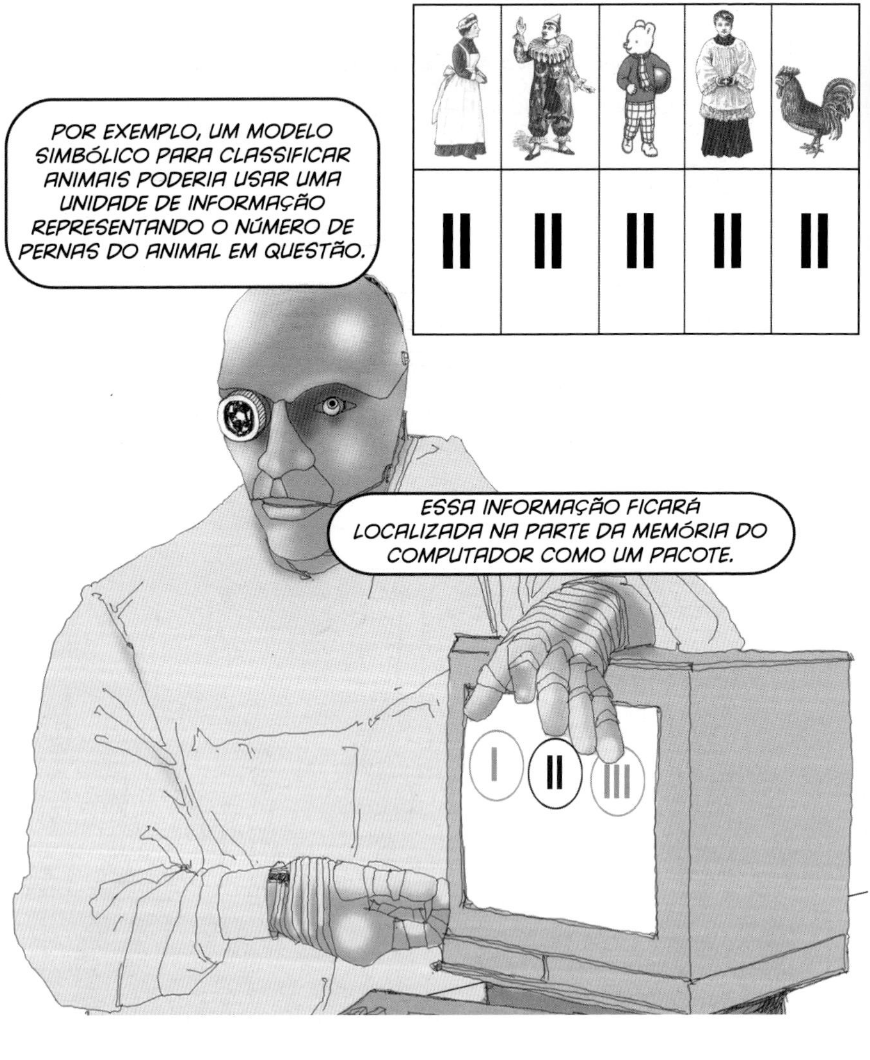
POR EXEMPLO, UM MODELO SIMBÓLICO PARA CLASSIFICAR ANIMAIS PODERIA USAR UMA UNIDADE DE INFORMAÇÃO REPRESENTANDO O NÚMERO DE PERNAS DO ANIMAL EM QUESTÃO.
ESSA INFORMAÇÃO FICARÁ LOCALIZADA NA PARTE DA MEMÓRIA DO COMPUTADOR COMO UM PACOTE.

Esse tipo de representação é denominado representação *local* porque as informações sobre o número de pernas é mantida em um pacote localizável.

REPRESENTAÇÕES DISTRIBUÍDAS

Os tipos de processamento de informação realizados pelas redes neurais podem diferir bastante na natureza daqueles encontrados em sistemas simbólicos. As representações são geralmente *distribuídas* da mesma forma que o processamento pode ser distribuído. Uma representação distribuída é propagada por toda a rede, em vez de ficar localizada em uma área específica ou de ser construída a partir de unidades atômicas.

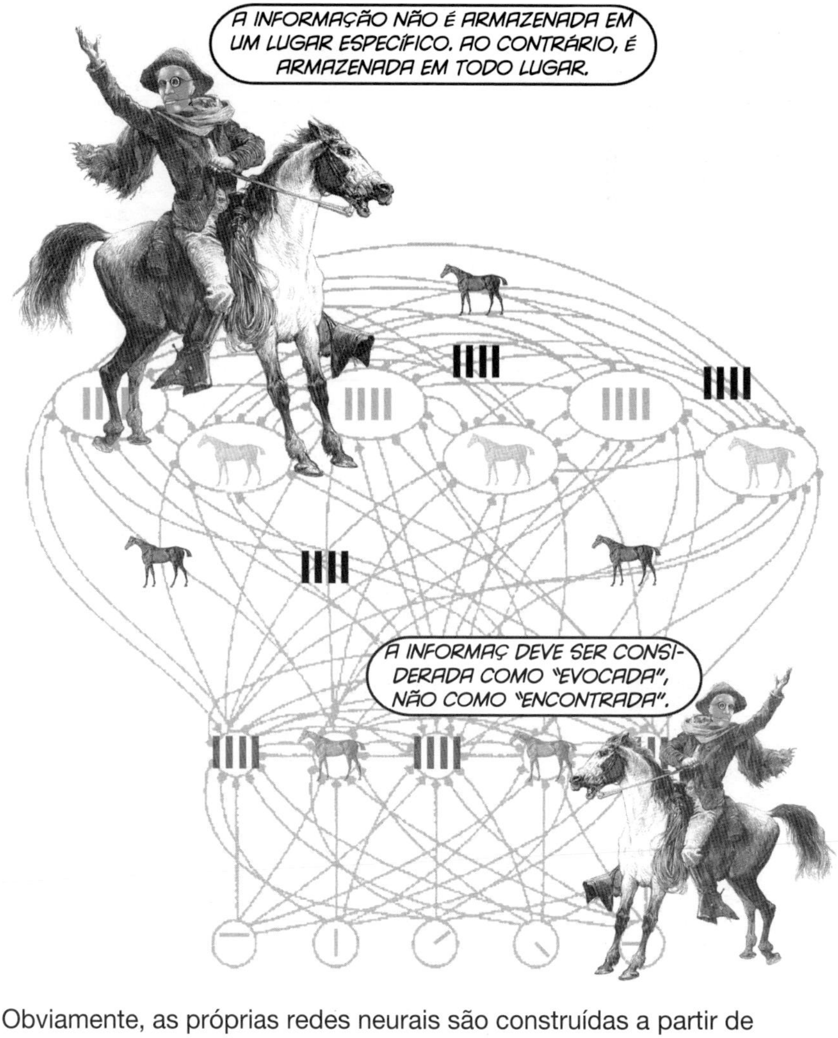

A INFORMAÇÃO NÃO É ARMAZENADA EM UM LUGAR ESPECÍFICO. AO CONTRÁRIO, É ARMAZENADA EM TODO LUGAR.
A INFORMAÇ DEVE SER CONSIDERADA COMO "EVOCADA", NÃO COMO "ENCONTRADA".

Obviamente, as próprias redes neurais são construídas a partir de unidades atômicas – os neurônios artificiais – mas essas unidades raramente são usadas pelo criador para representar qualquer coisa neles mesmos.

ATIVIDADE COMPLEXA

Assim, em uma representação distribuída, um único neurônio provavelmente não será responsabilizado por representar o número de pernas de nosso animal em questão. Em vez disso, o número de pernas seria representado por um padrão complexo de atividade sobre um amplo número de neurônios. Alguns desses neurônios terão um papel na representação de alguma outra propriedade no sistema.

MUITAS REPRESENTAÇÕES PARTILHAM NEURÔNIOS E EXISTEM COMO PARTE DE UMA TEIA COMPLEXA DA ATIVIDADE NEURAL.
O FILÓSOFO LUDWIG WITTGENSTEIN (1889-1951) PREVIU ATIVIDADES NEURAIS DISTRIBUÍDAS...
NADA PARECE MAIS POSSÍVEL PARA MIM DO QUE O FATO DE QUE AS PESSOAS ALGUM DIA TERÃO A OPINIÃO DEFINIDA DE QUE NÃO HÁ CÓPIA NO SISTEMA NERVOSO QUE CORRESPONDA A UM PENSAMENTO ESPECÍFICO OU A UMA IDEIA ESPECÍFICA OU À MEMÓRIA.

INTERPRETANDO REPRESENTAÇÕES DISTRIBUÍDAS

Como regra geral, você não pode localizar itens específicos de informações apontando o dedo para a parte de uma representação distribuída da mesma forma que faz com uma representação local.

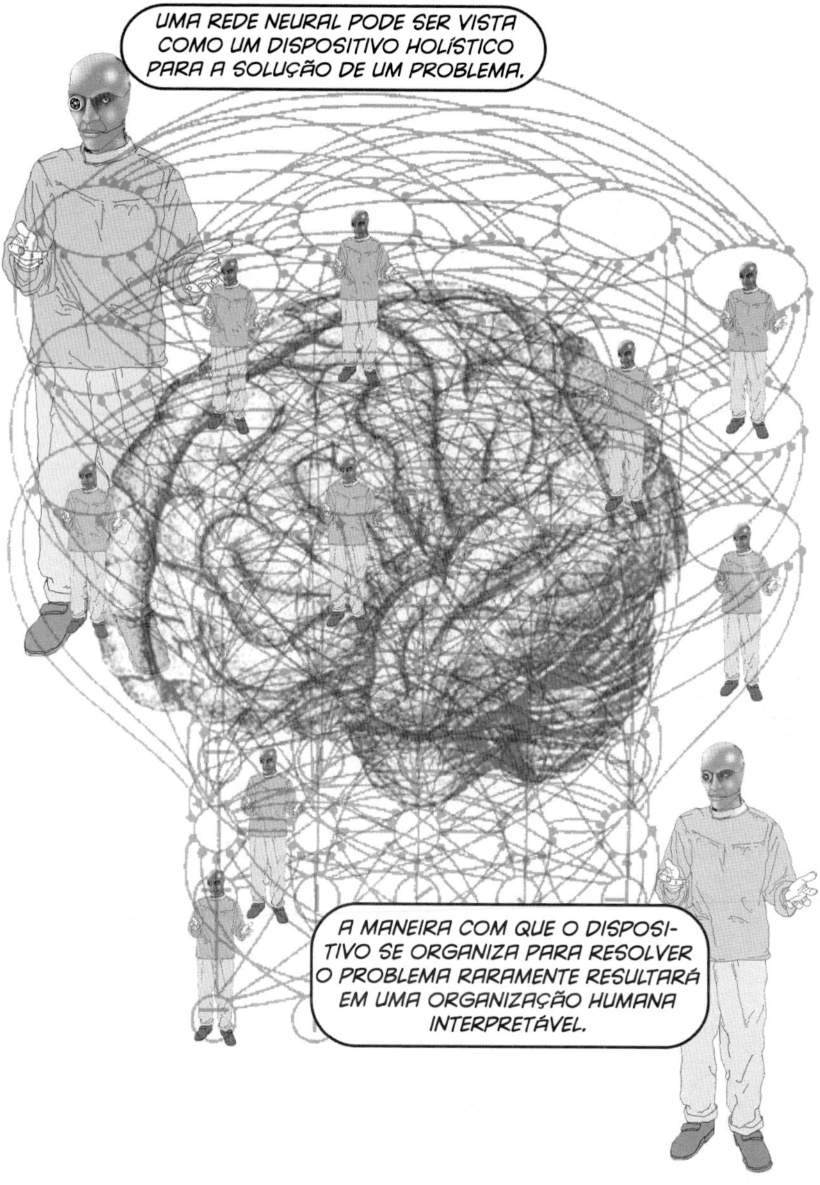

UMA REDE NEURAL PODE SER VISTA COMO UM DISPOSITIVO HOLÍSTICO PARA A SOLUÇÃO DE UM PROBLEMA.
A MANEIRA COM QUE O DISPOSITIVO SE ORGANIZA PARA RESOLVER O PROBLEMA RARAMENTE RESULTARÁ EM UMA ORGANIZAÇÃO HUMANA INTERPRETÁVEL.

ABORDAGENS COMPLEMENTARES

Conexionismo é geralmente descrito como uma revolução na IA – um alvoroço de novas ideias relacionadas a velhos problemas e uma substituição oportuna para a “Boa e antiquada IA”. Historicamente, o conexionismo e a IA simbólica tem suas raízes em trabalhos iniciais sobre IA. Independentemente de McCulloch e Pitts, Alan Turing considerou a ideia de grupos de neurônios artificiais agindo como um dispositivo de computação.

AS IDEIAS DE ALAN TURING SOBRE IA ERAM PROFUNDAS, AINDA MAIS SE CONSIDERARMOS SEU POUCO CONHECIDO E PIONEIRO TRABALHO SOBRE CONEXIONISMO.

NOS ANOS 1940, REALIZEI EXPERIMENTOS COM UMA IDEIA DE MÁQUINAS NÃO ORDENADAS, VERSÕES PECULIARES DO QUE HOJE CHAMAMOS DE REDES NEURAIS.

Foi um acidente na história que levou a IA simbólica a se tornar o vocabulário conceitual de escolha por tanto tempo. Apesar da recente rixa entre os campos rivais, a maioria agora concordaria que as duas abordagens complementam uma a outra.

AS REDES NEURAIS PODEM PENSAR?

O argumento da sala chinesa de Searle está sujeito à ideia de que os computadores, como são conhecidos hoje, só conseguem manipular símbolos sem sentido. A máquina não consegue entender os símbolos que manipula concordando ou não com Searle, a questão ainda é um mistério. No entanto, há duas razões pelas quais o conexionismo poderia contribuir para esse debate.

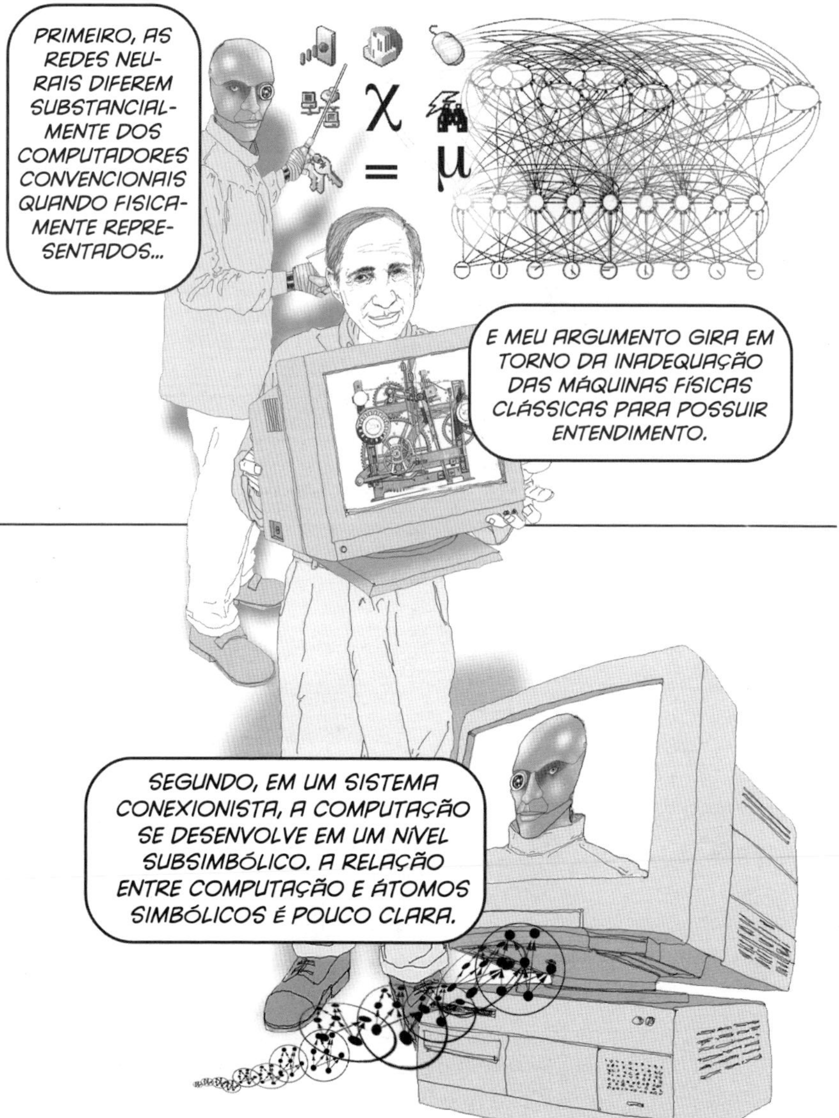
PRIMEIRO, AS REDES NEURAIS DIFEREM SUBSTANCIALMENTE DOS COMPUTADORES CONVENCIONAIS QUANDO FISICAMENTE REPRESENTADOS...
E MEU ARGUMENTO GIRA EM TORNO DA INADEQUAÇÃO DAS MÁQUINAS FÍSICAS CLÁSSICAS PARA POSSUIR ENTENDIMENTO.
SEGUNDO, EM UM SISTEMA CONEXIONISTA, A COMPUTAÇÃO SE DESENVOLVE EM UM NÍVEL SUBSIMBÓLICO. A RELAÇÃO ENTRE COMPUTAÇÃO E ÁTOMOS SIMBÓLICOS É POUCO CLARA.

A ACADEMIA DE GINÁSTICA CHINESA

Previsivelmente, o resiliente Searle permanece firme e responde com a *academia de ginástica chinesa*. Em vez de uma sala com um Searle solitário, ele imagina uma academia de ginástica cheia de pessoas que não falam chinês, uma para cada neurônio na rede neural.

O ARGUMENTO DESENVOLVE-SE NAS MESMAS LINHAS QUE O ARGUMENTO ORIGINAL...
NENHUMA DESSAS PESSOAS ENTENDE CHINÊS, PORTANTO A ACADEMIA DE GINÁSTICA INTEIRA NÃO ENTENDE CHINÊS.
SEARLE NÃO ACREDITA QUE O CONEXIONISMO POSSA TRAZER ALGO DE NOVO AO DEBATE.

Porém, a academia de ginástica chinesa serve como ilustração de que o todo pode ser mais do que a soma das partes. Em um sistema subsimbólico, as unidades atômicas, neurônios e sua relação estruturada com outros neurônios, não fazem muita coisa individualmente. Somente quando o grupo é visto como um todo, podemos começar a falar de conceitos como representações distribuídas e cognição.

AS REDES NEURAIS, PORTANTO, EXIBEM AS PROPRIEDADES DE EMERGÊNCIA E DE AUTO--ORGANIZAÇÃO DISCUTIDAS ANTERIORMENTE.

O PROBLEMA DE FUNDAMENTAÇÃO DO SÍMBOLO

O argumento de Searle tem a ver com a incapacidade que os símbolos manipulados possuem de significarem alguma coisa. Por si só, símbolos são formas sem sentido, percebidas, no caso de um computador convencional, por um padrão de atividade elétrica. Qualquer significado que conferimos ao símbolo é parasita do significado em nossas cabeças.

O QUE O PSICÓLOGO STEVAN HARNARD CHAMA DE **PROBLEMA DE FUNDAMENTAÇÃO DOS SÍMBOLOS** ABORDA ESSA QUESTÃO.
O SIGNIFICADO PODE ENTRAR NO SISTEMA APENAS QUANDO PARTE DO SISTEMA ESTÁ FUNDAMENTADO NO MUNDO, E NÃO QUANDO É PARTE DE UM SISTEMA DE SÍMBOLOS FECHADO E AUTORREFERENCIAL.

Harnard vê o conexionismo como um bom candidato para alcançar essa fundamentação, especialmente quando ligado a um sistema simbólico.

A FUNDAMENTAÇÃO DO SÍMBOLO

Primeiro, imagine um falante de inglês aprendendo chinês, munido apenas de um dicionário chinês-chinês. Harnard compara isso a um criptologista quebrando um código.

VOCÊ PODE SE ADAPTAR AO IDIOMA CHINÊS, MAS ISSO DEPENDE DE UM ENTENDIMENTO DE SUA PRÓPRIA LÍNGUA.
O SIGNIFICADO DE QUALQUER CHINÊS QUE VOCÊ APRENDE É PARASITA DO INGLÊS.

ROMPENDO O CÍRCULO

Você conseguiria aprender chinês como primeira língua apenas com o auxílio de um dicionário chinês-chinês? Harnard compara isso a um carrossel de símbolo-símbolo.

SÍMBOLOS SEM SENTIDO SÓ SÃO DEFINIDOS EM RELAÇÃO A OUTROS SÍMBOLOS SEM SENTIDO.
ESSA É EXATAMENTE A POSIÇÃO EM QUE UMA MÁQUINA É COLOCADA.

Como os símbolos podem ser fundamentados por algo que não seja símbolos sem sentido? Parte do problema de atribuir significado a um símbolo requer que o círculo da falta de sentido seja rompido.

Harnard imagina um sistema simbólico clássico operando sobre um sistema conexionista subsimbólico. O sistema conexionista tem entradas que são fundamentadas no mundo externo através de sensores. Dessa maneira, representações simbólicas não são mais definidas em relação a outros símbolos, e, sim, relacionadas às *representações icônicas* que estão diretamente ligadas às superfícies sensoriais do sistema.

UM SÍMBOLO REPRESENTANDO UM **CÃO** PEGA SEU SIGNIFICADO DO COMPLEXO DE IMAGENS SENSORIAIS COMUNS AOS CÃES...
EM VEZ DE OUTROS SÍMBOLOS SEM SIGNIFICADO COMO **LATE, TEM QUATRO PATAS** E **CHEIRA**.

Harnard acredita que possamos começar a escapar do mundo fechado dos símbolos sem sentido que Searle discute.

NOVA IA

"Costumávamos discutir se uma máquina podia pensar. A resposta é 'não'. O que pensa é um circuito total, incluindo talvez um computador, um homem e um ambiente. Da mesma forma, podemos perguntar se um cérebro pode pensar e, novamente, a resposta será 'não'. O que pensa é um cérebro dentro de um homem que é parte de um sistema que inclui um ambiente." – Gregory Bateson

Essa observação levou à adoção de uma nova série de princípios. Essa nova orientação ainda não está totalmente madura: falta um nome de uso comum, mas é comumente chamada de *Nova IA*.

LONGE DE SER APENAS ESPECULAÇÃO, ESSES NOVOS PRINCÍPIOS RESULTARAM EM PROJETOS IMPRESSIONANTES DE ENGENHARIA.
MAS, ANTES DE EXAMINAR A NOVA IA, É IMPORTANTE ANALISAR O CONJUNTO DE PROBLEMAS DE QUE AS ABORDAGENS CONVENCIONAIS À IA SÃO ACUSADAS.

OS MICROMUNDOS SÃO DISTINTOS DO MUNDO COTIDIANO

Confrontar uma teoria com um micromundo simplificado é uma prática propagada pela IA. Aqui, os pesquisadores extraem o que acreditam ser as propriedades salientes de um ambiente real e colocam em um ambiente virtual.

O SUCESSO DE UM PROJETO DE IA É AVALIADO EM RELAÇÃO A COMO OS HUMANOS REALIZARIAM A MESMA FUNÇÃO NO MUNDO COTIDIANO.
OS PROJETOS DE IA RARAMENTE SÃO COLOCADOS NA MESMA SITUAÇÃO DE UM HUMANO.

"Micromundos não são mundos, mas domínios isolados sem significado, e está cada vez mais claro que não há maneira de serem combinados e expandidos para chegarem ao mundo da vida cotidiana." – Hubert e Stuart Dreyfus

OS PROBLEMAS DA IA CONVENCIONAL

Escalabilidade

UM SISTEMA PODE OPERAR DE FORMA BEM--SUCEDIDA COM RELAÇÃO A UM MICROMUNDO, MAS GERALMENTE FRACASSARÁ EM SITUAÇÕES MAIS ELABORADAS.
!

Considerando-se que parte da meta da IA é estabelecer teorias *gerais* de ação inteligente, essa falta de escalabilidade é uma desvantagem que se opõe à meta de estabelecer teorias gerais.

Robustez

Um traço comum a muitos sistemas de IA, e que é abordado pelo projeto CYC, é a incapacidade de muitos sistemas de reagirem bem a circunstâncias não previstas. Os sistemas de IA geralmente falharão diante de uma situação nova. É muito difícil criar um sistema robusto o bastante para satisfazer todas as eventualidades. Humanos e animais, por outro lado, raramente têm desse problema.

CLARO QUE UM BESOURO CAÍDO DE COSTAS PODE MORRER...
MAS DURANTE TODA A VIDA DE UM HUMANO OU ANIMAL COMUM...
... O AMBIENTE APRESENTARÁ MUITAS CIRCUNSTÂNCIAS NUNCA ANTES ENCONTRADAS POR NENHUM MEMBRO DESSAS ESPÉCIES.

OPERANDO EM TEMPO REAL

O ciclo perceber-modelar-planejar-agir que fundamenta o desenho dos agentes inteligentes convencionais leva a inúmeros processamentos de informação. Antes de uma reação à mudança no ambiente, a informação sensorial deve passar pelos processos complexos de modelagem, planejamento e, depois, ação. Esse círculo complexo de fluxos de informações faz com que acompanhar o mundo seja extremamente difícil. Shakey é um bom exemplo desse fenômeno.

MEU COMPORTAMENTO FOI CARAC-TERIZADO POR LONGAS PAUSAS, DURANTE AS QUAIS, O PROCESSAMENTO COMPLEXO DE INFORMAÇÕES FOI EXECUTADO.
?
HUMANOS E ANIMAIS, POR SUA VEZ, REAGEM MUITO RAPIDAMENTE AOS EVENTOS QUE OS RODEIAM.

ISSO INDICARIA QUE ALGO DIFERENTE DE "PERCEBER-MODELAR-PLANEJAR-AGIR" ESTÁ ACONTECENDO.

Em um sentido, o problema de criar agentes inteligentes já foi resolvido. Durante o curso dos 4,5 bilhões de anos da história da Terra, a evolução vem solucionando o problema repetidas vezes. Os mamíferos chegaram há 370 milhões de anos. Nosso último ancestral em comum com os macacos começou a circular há 5 milhões de anos.

COMO A EVOLUÇÃO FEZ ISSO?
A EVOLUÇÃO BIOLÓGICA PARTE DE CRIAÇÕES JÁ EXISTENTES ACRESCENTANDO A MELHORIA OCASIONAL.

Começando com o básico – bestas capazes de sobreviver em um ambiente e depois se reproduzir – a evolução construiu camada sobre camada de mecanismos extras nesses milhões de anos.

O NOVO ARGUMENTO DA EVOLUÇÃO

O roboticista do MIT Rodney Brooks considera o básico evolutivo como evidência de que tarefas "difíceis" como raciocínio, planejamento e língua podem se tornar mais fáceis de serem entendidas uma vez que o básico está em vigor.

A INTELIGÊNCIA DEPENDE DA HABILIDADE DE REAGIR A UM AMBIENTE.

Nosso conhecimento de evolução pode instruir a IA? Brooks acredita que sim, e afirma que deveríamos primeiro ter por objetivo a construção de criaturas mecânicas básicas antes de tentarmos construir humanos mecânicos.

O ARGUMENTO DA BIOLOGIA

As íntimas relações entre um organismo e seu ambiente é observada e estudada pelos biólogos desde o século XIX. No entanto, a IA é raramente influenciada pelo conhecimento dos biólogos. Por exemplo, no trabalho de Humberto R. Maturana e Francisco J. Varela, os circuitos neurais encontrados na retina do olho de um sapo apresentam excitação diante de estruturas em forma de bolhas que se assemelham a moscas.

AO ESTUDAR SEU COMPORTAMENTO, PODEMOS QUERER ATRIBUIR AO SAPO UM "MODELO INTERNO DO MUNDO" QUE CONTENHA MOSCAS, E, POR ASSIM DIZER, OUTROS SAPOS.

Porém, isso simplesmente não é o tipo de fenômeno que existe no mundo cotidiano de um sapo.

COMPORTAMENTO NÃO COGNITIVO

Maturana e Varela ilustram esse ponto ao primeiro apresentar uma mosca suculenta na área superior esquerda do campo de visão do sapo.

O SAPO LANÇA SUA LÍNGUA E CAPTURA A MOSCA.

A seguir, eles cortam parte do olho do sapo de forma que possa girar 180 graus.

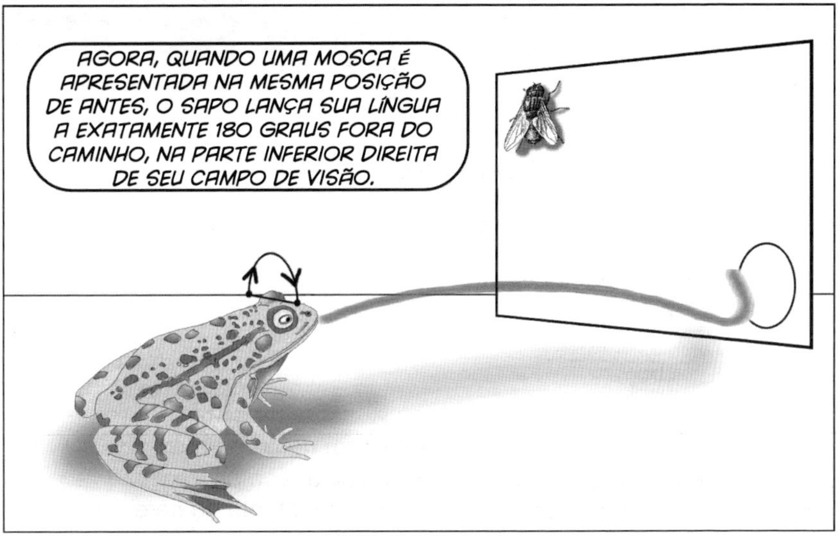
AGORA, QUANDO UMA MOSCA É APRESENTADA NA MESMA POSIÇÃO DE ANTES, O SAPO LANÇA SUA LÍNGUA A EXATAMENTE 180 GRAUS FORA DO CAMINHO, NA PARTE INFERIOR DIREITA DE SEU CAMPO DE VISÃO.

O sapo persistirá em seu comportamento. Nunca adaptará seu comportamento à luz das tentativas malsucedidas de capturar uma mosca.

A moral da história é que um olho de sapo não age como uma câmera fornecendo informações ao módulo de planejamento do sapo, que então constrói um plano para capturar a mosca.

O CICLO PERCEBER-
-MODELAR-PLANEJAR-AGIR
NÃO SE APLICA AQUI.
SE ESSE FOSSE O CASO,
EU ALTERARIA MEU
COMPORTAMENTO.

Porém, conforme Maturana e Varela seguiram demonstrando, o comportamento de captura da mosca é solucionado pela *própria retina*, independente dos processos que ocorrem no restante do cérebro do sapo. Esse experimento ilustra como determinados comportamentos, como a busca por alimento, são percebidos através de uma união entre percepção e ação, independente, e sem a necessidade, de processos cognitivos de alto nível.

O ARGUMENTO DA FILOSOFIA

Muitos dos conceitos centrais da IA têm suas raízes no trabalho de filósofos como Descartes, Hobbes, Leibniz, como já vimos, e o *Tratado Lógico-Filosófico* de **Ludwig Wittgenstein** (1889-1951):

O MUNDO É A TOTALIDADE DOS FATOS, NÃO DAS COISAS.
ARGUMENTAMOS QUE ERA POSSÍVEL CHEGAR A UMA TEORIA FORMAL DO MUNDO COTIDIANO COM BASE EM UM CONJUNTO DE **PRIMITIVAS FORMAIS.**
A IA TRADUZIU ESSA IDEIA NA LINGUAGEM DO PROCESSAMENTO SIMBÓLICO DE INFORMAÇÕES...
EQUIPE UM COMPUTADOR COM UM CONJUNTO ADEQUADO DE PRIMITIVAS E ELE DEVE SER CAPAZ DE FUNCIONAR NO MUNDO, DA MESMA FORMA QUE UM HUMANO.

CONTRA O FORMALISMO

Wittgenstein, em sua filosofia, e **Martin Heidegger** (1889-1976) rejeitaram fortemente a suposição formalista de significado.

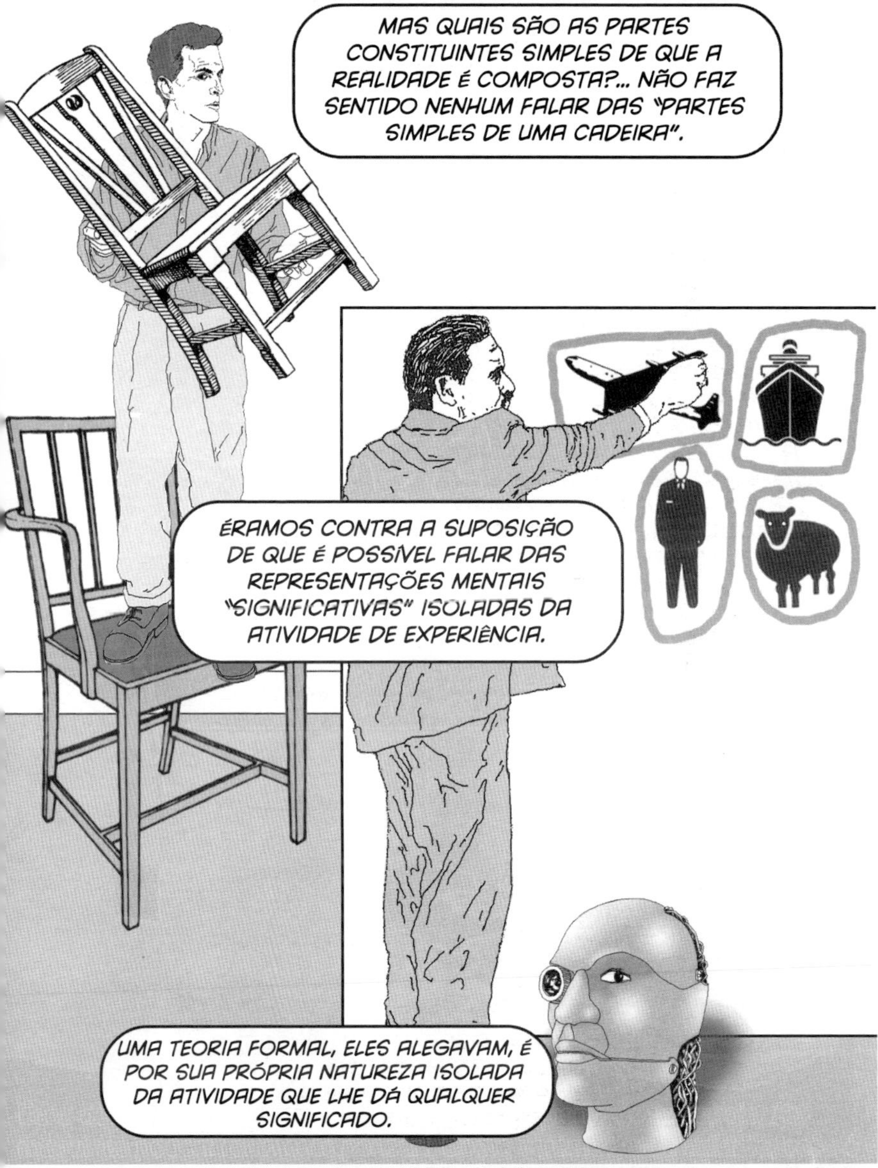
MAS QUAIS SÃO AS PARTES CONSTITUINTES SIMPLES DE QUE A REALIDADE É COMPOSTA?... NÃO FAZ SENTIDO NENHUM FALAR DAS "PARTES SIMPLES DE UMA CADEIRA".
ÉRAMOS CONTRA A SUPOSIÇÃO DE QUE É POSSÍVEL FALAR DAS REPRESENTAÇÕES MENTAIS "SIGNIFICATIVAS" ISOLADAS DA ATIVIDADE DE EXPERIÊNCIA.
UMA TEORIA FORMAL, ELES ALEGAVAM, É POR SUA PRÓPRIA NATUREZA ISOLADA DA ATIVIDADE QUE LHE DÁ QUALQUER SIGNIFICADO.

Esse ponto de vista filosófico alternativo sugere que nossa interpretação do mundo não pode ser explicada, e qualquer tentativa de fazê-lo tornará nossas percepções excessivamente imprecisas.

NÃO EXISTE INTELIGÊNCIA SEM CORPO

Esse argumento formava a espinha dorsal de uma das primeiras críticas a IA. O filósofo Hubert Dreyfus, nos anos 1970, declarou que a IA estava equivocada em sua suposição de que a inteligência sem corpo era possível. Sobre a falha percebida da IA clássica, Dreyfus observou...

A TRADIÇÃO RACIONALISTA FOI FINALMENTE SUJEITA A UM TESTE EMPÍRICO, E NÃO PASSOU. A IDEIA DE PRODUZIR UMA TEORIA ATOMÍSTICA FORMAL DO MUNDO COTIDIANO GERAL E REPRESENTAR ESSA TEORIA EM UM SÍMBOLO MANIPULADOR DEPAROU-SE COM AS MESMAS DIFICULDADES QUE HEIDEGGER E WITTGENSTEIN TIVERAM.

AGENTES NO MUNDO REAL

A IA pode aprender algo útil com esse debate filosófico? Se Heidegger, Wittgenstein e Dreyfus estão certos quando rejeitam a inteligência sem corpo, então a IA deve começar a concentrar-se em como o comportamento de um agente é restrito e parcialmente determinado pelas atividades de que se ocupa.

ESSE FOCO SUGERE QUE OS AGENTES DEVEM SER MODELADOS, NÃO COMO SEM CORPOS, ALHEIOS E ISOLADOS, MAS COMO ENGAJADOS NO MUNDO COTIDIANO.
A CRÍTICA DE DREYFUS A PRINCÍPIO FOI RIDICULARIZADA PELA COMUNIDADE DE IA, MAS ESTÁ PROGRESSIVAMENTE SE TORNANDO MAIS UM TÓPICO PARA DEBATE.

A NOVA IA

Os argumentos da evolução, biologia e filosofia são contrários a muitas das pesquisas convencionais de IA. Mas, para colocá-los em prática, precisam ser traduzidos em princípios de engenharia. Três princípios caracterizam a nova abordagem à IA.

O primeiro princípio da corporificação

CORPORIFICAÇÃO É A IDEIA DE QUE TER UM CORPO É **TEORICAMENTE** SIGNIFICANTE.
OU SEJA, AS RESTRIÇÕES QUE UM CORPO COLOCA EM UM AGENTE SÃO CRUCIAIS PARA A FORMA COMO ELE INTERAGE NO MUNDO.

O grau pelo qual a corporificação é significativa permanece um assunto controverso. Rodney Brooks vai mais longe e diz: "A inteligência precisa de um corpo". Por exemplo, a criação de um corpo de robô determinará os fenômenos sensoriais que ele experimenta.

O segundo princípio da situacionalidade

A situacionalidade refere-se a um agente sendo localizado em um ambiente complexo, em vez de em um micromundo altamente abstrato. As complexidades de ambientes reais são consideradas fundamentalmente diferentes daqueles "micromundos" abstratos. De fato, estar situado permite a exploração da estrutura no mundo, reduzindo o fardo das representações internas.

ELSIE, A TARTARUGA ROBÓTICA DE WALTER, BUSCAVA A ESTAÇÃO DE RECARGA DENTRO DO GABINETE.
NENHUM MODELO DO GABINETE É INVOCADO POR ELSIE. SUA FUNÇÃO ERA O RESULTADO DA INTERAÇÃO ENTRE OS SENSORES DE ELSIE E O MUNDO REAL.

Rodney Brooks resume esse tipo de relação afirmando que "o mundo é seu próprio melhor modelo".

O terceiro princípio da criação de baixo para cima

Dado o objetivo de construir um agente inteligente, a metodologia frequentemente adotada pela IA é construir de cima para baixo.

OU SEJA, AS FUNÇÕES MAIS ELEVADAS COMO CONHECIMENTO E RACIOCÍNIO SÃO ABORDADAS PRIMEIRAMENTE, E AS FUNÇÕES MAIS INFERIORES SÃO DEIXADAS PARA DEPOIS.
A NOVA IA PROPÕE UMA CRIAÇÃO DE **BAIXO PARA CIMA.** COMEÇA PRIMEIRO COM O BÁSICO...

Por exemplo, Rodney Brooks constrói máquinas básicas análogas a insetos. A ideia dele é que somente através do entendimento do básico podemos começar a entender as complexidades da cognição humana.

ROBÓTICA BASEADA EM COMPORTAMENTO

Os princípios da nova IA são colocados em prática exemplar por Rodney Brooks. Brooks encabeçou uma abordagem conhecida como robótica baseada em comportamento.

DESEJO CONSTRUIR AGENTES MÓVEIS COMPLETAMENTE AUTÔNOMOS QUE COEXISTAM COM HUMANOS NO MUNDO E SÃO VISTOS POR ESSES HUMANOS COMO SERES INTELIGENTES EM SEU PRÓPRIO DIREITO. CHAMAREI ESSES AGENTES DE CRIATURAS...

Usando um modelo de baixo para cima, como Brooks faria para construir criaturas robóticas simples que se assemelhem a insetos?

COMPORTAMENTOS COMO UNIDADES DE CRIAÇÃO

A EVOLUÇÃO CONSTRÓI CAMADA SOB CAMADA. É GRADUAL. ELA AJUSTA E ELABORA SOBRE **MODELOS JÁ EXISTENTES** PARA CRIAR NOVOS.
A ROBÓTICA BASEADA EM COMPORTAMENTO É INSPIRADA POR ESSA ABORDAGEM. SUAS UNIDADES DE CRIAÇÃO SÃO **COMPORTAMENTOS.**

Comportamentos são ampliados para produzirem comportamentos mais complexos. Diferente de muitos robôs convencionais, que usam o ciclo perceber-modelar-planejar-agir como ponto de partida, os robôs de Brooks contêm peças que são autônomas e operam em paralelo. *Não existe um controle central.* Esses comportamentos implementam uma união estreita entre percepção e ação e evitam o uso de processos cognitivos para mediar percepção e ação.

O ROBÔ GENGHIS

Nos anos 1980, Brooks e seus colegas construíram Genghis, um robô de seis pernas. Genghis foi criado para percorrer ambientes desafiadores e procurar por um brilho infravermelho emitido por humanos e outros animais. Genghis foi um sucesso por duas razões.

PRIMEIRO, EU CONSEGUI TRANSPOR UM TERRENO DESAFIADOR, DA MESMA FORMA QUE UM INSETO.
DEPOIS DE ESTUDAR UM VÍDEO COM OS MOVIMENTOS DE INSETOS, CONSTRUÍ UMA MÁQUINA QUE SE MOVIA COM SUCESSO, DE FORMA MUITO PARECIDA COM UM INSETO.
SEGUNDO, BROOKS CONSEGUIU ISSO USANDO TÉCNICAS NOVAS.

Genghis não tem controle central. Em nenhum lugar em sua construção existe uma descrição de *como caminhar*. “O software para o Genghis não foi organizado como um programa único, e sim como 51 minúsculos programas paralelos.”

COMPORTAMENTO POR CRIAÇÃO

Genghis é composto de muitos comportamentos autônomos simples, organizados como camadas de controle. Cada camada apresenta um comportamento mais refinado e controlado.

POR EXEMPLO, UMA CAMADA ENVOLVE O COMPORTAMENTO DE FICAR EM PÉ.
OUTRA CAMADA CAPTURA OS RUDIMENTOS DO CAMINHAR, COMO O BALANÇO E A COORDENAÇÃO DAS PERNAS.
CAMADAS ADICIONAIS AJUDAM A FAZER UM GENGHIS CADA VEZ MAIS ROBUSTO.

O modelo de construção de Genghis é em função do tipo de terreno em que ele precisa operar. Os comportamentos fornecidos a Genghis foram muito influenciados pelas restrições impostas pelo seu corpo.

GRUPOS DE AGENTES

Embora os princípios da nova IA se traduzam mais diretamente no campo da robótica, eles não estão de maneira alguma limitados às questões de robótica. Um tratamento mais íntimo das interações entre agentes e seus ambientes pode ser aplicado a cada vertente da IA. Luc Steels, diretor do laboratório de IA da Universidade de Bruxelas, toma outro rumo na abordagem "de baixo para cima", investigando a evolução do significado e dos sistemas de comunicação em *grupos de agentes*.

NESSA ABORDAGEM, O PLANEJADOR HUMANO NÃO COLOCA SUA LINGUAGEM E SEUS CONCEITOS NOS AGENTES, MAS TENTA CRIAR SISTEMAS QUE GERAM AUTONOMAMENTE OS SEUS PRÓPRIOS.

O EXPERIMENTO DAS CABEÇAS FALANTES

Os agentes no experimento das Cabeças Falantes existem independentemente de qualquer robô físico. Estão localizados em um ambiente virtual sustentados por uma rede de computadores que transpõem muitos locais físicos. Quando agentes precisam interagir uns com os outros, se tornam baseados no mundo cotidiano se teletransportando para corpos robóticos em locais físicos como Bruxelas, Paris ou Londres.

AO PEGAR EMPRESTADO CORPOS ROBÓTICOS QUANDO NECESSÁRIO, O EXPERIMENTO DAS CABEÇAS FALANTES PODE SUPORTAR MUITOS AGENTES, EMBORA O NÚMERO DE CORPOS ROBÓTICOS POSSA SER LIMITADO.
ESSES CORPOS ROBÓTICOS SÃO CHAMADOS DE CABEÇAS FALANTES.
THE WORLD

São compostos de uma câmera, um alto-falante e um microfone. As Cabeças Falantes agem como uma concha robótica que os agentes virtuais podem ocupar quando precisam.

CATEGORIZANDO OBJETOS

O objetivo do experimento é investigar como uma linguagem partilhada pode se desenvolver como resultado das interações entre agentes. Crucialmente, em nenhum lugar do experimento a linguagem é definida; ela se desenvolve como resultado das interações entre os agentes. Começando com uma tábula rasa, os agentes desenvolvem de maneira autônoma suas próprias "ontologias" – uma sensação de estar no mundo – que permite que se identifiquem e se diferenciem entre os objetos no mundo real.

ASSIM QUE OS AGENTES DESENVOLVEM A HABILIDADE DE CATEGORIZAR OBJETOS, ELES TENTAM NOMEÁ-LOS AO COMUNICAREM-SE UNS COM OS OUTROS.
A CATEGORIZAÇÃO DOS AGENTES DO MUNDO NÃO É PROGRAMADA, ELA SE DESENVOLVE. É CONSTRUÍDA E APRENDIDA PELOS PRÓPRIOS AGENTES.

O JOGO DO NOME

Os agentes de Steels interagem com jogos de linguagem. Um jogo de linguagem pode começar quando dois agentes diferentes são selecionados e teletransportados ao mesmo local físico. Localizados em dois corpos robóticos separados, os dois agentes enxergam a mesma cena de posições diferentes. Cada cena compreende um número de formas coloridas sobre um quadro branco.

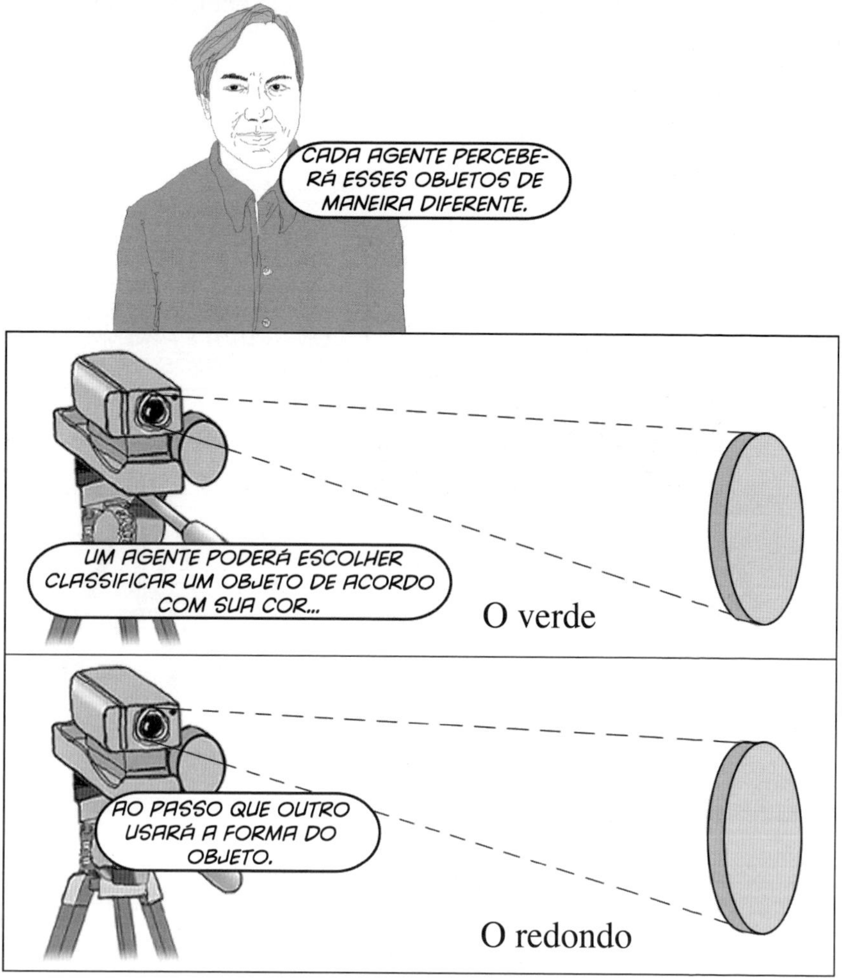
CADA AGENTE PERCEBERÁ ESSES OBJETOS DE MANEIRA DIFERENTE.
UM AGENTE PODERÁ ESCOLHER CLASSIFICAR UM OBJETO DE ACORDO COM SUA COR...
O verde
AO PASSO QUE OUTRO USARÁ A FORMA DO OBJETO.
O redondo

Os agentes chegam a concepções diferentes do mundo devido ao fato de sempre ocuparem locais levemente diferentes e concentrarem-se em diferentes objetos ao longo da vida. Por essa razão, os agentes desenvolvem suas próprias ontologias.

Uma vez que os agentes conseguem classificar os objetos nas cenas a que são expostos, eles começam a jogar. Os dois agentes primeiro concordam sobre o contexto, que é alguma parte da cena que estão vendo. Um dos agentes fala com o outro, formando uma expressão que identifica um dos objetos no contexto.

tópico
Quadrado vermelho
círculo verde
Agente 1 (falante)
Agente 2 (ouvinte)
Robô 1
Robô 2
INICIALMENTE, AS EXPRESSÕES SÃO EM UMA LINGUAGEM INARTICULADA. SÃO CONSTRUÍDAS ALEATORIAMENTE E, PORTANTO, TÊM POUCA CHANCE DE SEREM ENTENDIDAS POR QUALQUER OUTRO AGENTE.
O SIGNIFICADO DE UMA EXPRESSÃO DEPENDERÁ DE COMO O FALANTE VÊ O MUNDO. PODE QUERER DIZER "O VERDE" E USAR A PALAVRA **VIVEBO.**
"VIVEBO" O verde
VIVEBO?!

UM PROCESSO DE RESPOSTA

O ouvinte tenta, então, entender o que significa o *vivebo* do outro e aponta ao que ele acha que está sendo identificado.

SE OS DOIS AGENTES CONCORDAM A RESPEITO DO OBJETO SENDO NOMEADO, O JOGO É UM SUCESSO E OS DOIS CONCORDAM QUE O VIVEBO É UMA PALAVRA APROPRIADA PARA O OBJETO ESCOLHIDO.
O verde
Quadrado vermelho
tópico
círculo verde
Agente 1 (falante)
Robô 1
Agente 2 (ouvinte)
Robô 2
O agente 1 está falando sobre o redondo
"VIVEBO" O verde
"VIVEBO" O redondo
DO CONTRÁRIO, OS AGENTES RECOORDENAM SEU COMPORTAMENTO PARA QUE SEJAM MAIS BEM-SUCEDIDOS DA PRÓXIMA VEZ QUE SE ENCONTRAREM.

Dessa maneira, a configuração de sinais usada por um agente para se referir aos objetos no mundo é reforçada ou revisada, dependendo da resposta obtida desses jogos.

AUTO-ORGANIZAÇÃO NOS ROBÔS COGNITIVOS

A ideia principal do experimento das Cabeças Falantes é que os agentes desenvolvam sua própria maneira, individual e interna, de categorizar o mundo que veem. Enquanto, ao mesmo tempo, através de comunicação externa, transponham um *léxico partilhado*. Agentes diferentes podem estar falando do mesmo objeto, mas podem contextualizá-lo de maneira diferente, embora, ao mesmo tempo, partilhem palavras. O experimento de Steels ilustra como um sistema de comunicação, com base no mundo cotidiano, pode desenvolver-se através das interações entre os agentes, mesmo que isso não esteja definido em nenhum deles.

ESSE TIPO DE AUTO-ORGANIZAÇÃO DE ALTO NÍVEL SÓ PODE SER ENTENDIDA NO CONTEXTO DE AGENTES EM LOCAIS MÚLTIPLOS, COMO OCORRE NO MUNDO REAL DE HUMANOS QUE INTERAGEM.
A PRESENÇA DE OUTROS AGENTES CONSTRÓI PARCIALMENTE O MUNDO DOS FENÔMENOS COM QUE CADA AGENTE SE ENVOLVE.

O FUTURO

Profissionais que trabalham com IA geralmente fazem previsões ousadas.

> "Em 2029, o *software* para inteligência terá sido amplamente aprimorado e o computador pessoal comum equivalerá a mil cérebros."
>
> Ray Kurzweil, em 1999.

SALVO OS CATACLISMOS, CONSIDERO O DESENVOLVIMENTO DE MÁQUINAS INTELIGENTES UMA INEVITABILIDADE DE CURTO PRAZO.

Estas afirmações, considerando que até hoje há pouca evidência que surgirá algo que se aproxime da inteligência humana seja possível em máquinas, são prematuras. Os cientistas têm o hábito de prever que o avanço ocorrerá próximo à época de se aposentarem. É difícil, portanto, fazer afirmações sérias de que a IA alcançará sua meta em um futuro próximo.

O FUTURO PRÓXIMO

> "Em completo contraste com o amplamente imprevisto estouro dos computadores no comportamento predominante, todo o esforço da robótica fracassou completamente no cumprimento das previsões dos anos 1950."
>
> Hans Moravec

A MAIORIA DAS PESSOAS SABE O QUE SÃO ROBÔS E TALVEZ POSSAM ATÉ MESMO CITAR ALGUM FAMOSO.

Mas, além dos robôs industriais que são muito difundidos, por exemplo, na indústria automobilística, robôs raramente são vistos fora dos laboratórios de pesquisas. Robôs úteis não se materializaram.

O FUTURO MAIS PRÓXIMO

No entanto, há evidências de que robôs começarão a ser mais difundidos, saindo dos laboratórios de pesquisa e indo para o mundo cotidiano.

AO DISCUTIR AS PERSPECTIVAS FUTURAS DA IA, É SÁBIO ANALISAR O QUE É PROVÁVEL EM UM FUTURO PRÓXIMO E COMPARAR ESSAS IDEIAS COM O QUE OS PESQUISADORES ESTÃO AFIRMANDO SER POSSÍVEL MAIS À FRENTE.

O ROBÔ DOS SONHOS DA SONY

No início de 2002, a SONY Corporation anunciou o desenvolvimento do Sony Dream Robot (SDR), um protótipo de um robô humanoide. As habilidades do SDR superaram com grande margem qualquer outro robô bípede.

O SDR CAMINHA, TRANSPONDO ESCADAS, OBSTÁCULOS E A MAIORIA DOS ESFORÇOS PARA DERRUBÁ-LO.
ROBÔS QUE CAMINHAM HÁ MUITO TEMPO SÃO UMA META PARA OS ROBOTICISTAS.

Um robô que caminha poderia viver em uma casa e executar tarefas em locais que os robôs mais comuns, os de roda, não conseguem chegar.

TODO CANTANTE, TODO DANÇANTE

O que torna o SDR impressionante é sua robustez. Robôs que caminham já foram desenvolvidos antes, mas ficavam restritos por conseguirem apenas alcançar padrões limitados de comportamento e estarem sujeitos ao controle remoto por um humano.

SE O SDR CAI, ELE MESMO SE LEVANTA, COMO UM HUMANO FARIA.
O SDR TAMBÉM EVITA OBSTÁCULOS ATRAVÉS DE UM SISTEMA DE VISÃO ESTÉREO, EM VEZ DE SAIR BATENDO NOS OBSTÁCULOS ENQUANTO CAMINHA.

O SDR almeja o mercado de entretenimento. Além de caminhar, o SDR sabe cantar, dançar e reconhecer rostos e vozes.

O objetivo da Sony é que o SDR interaja com seus donos por meio da criação de um laço emocional.

"Além das funções da memória de curto-prazo para memorizar temporariamente as pessoas e os objetos, o SDR-4X está equipado com funções de memória a longo prazo para memorizar rostos e nomes através de uma comunicação mais profunda com as pessoas. As informações emocionais com base em uma experiência de comunicação também serão memorizadas em uma memória a longo prazo. Ao utilizar as duas memórias, o SDR-4X trava conversas e realiza performances mais complicadas." – Press release da SONY Corporation

O SDR É UM ROBÔ SÉRIO

Embora o Sony Dream Robot seja impressionante, ele consegue realmente esclarecer o objetivo da IA de entender a cognição através da construção de máquinas? Um resultado importante de projetos como o SDR é que eles oferecem uma plataforma onde outras tecnologias da IA podem ser exploradas. Utilizando a máxima de Brooks de que a "inteligência exige um corpo", a disponibilidade de um corpo estandardizado pode ser útil.

POR EXEMPLO, LUC STEELS, JUNTAMENTE COM A SONY CORPORATION, TEM UM PROJETO QUE PLANEJA UNIR O EXPERIMENTO DAS CABEÇAS FALANTES COM O SONY SDR-4X.
O OBJETIVO AQUI É PERMITIR AO DONO E AO SDR DESENVOLVEREM UM SISTEMA DE COMUNICAÇÃO PRÓPRIO.
AO INTERAGIR VERBALMENTE COM O ROBÔ, O HUMANO E O ROBÔ SE ENCONTRARÃO NO MEIO...
...DESENVOLVENDO UM SISTEMA BÁSICO DE COMUNICAÇÃO.

FUTURAS POSSIBILIDADES

Com base na probabilidade projetada de máquinas com energia suficiente e amplamente disponíveis, o famoso roboticista Hans Moravec previu em detalhes as próximas quatro gerações de robôs. É importante salientar que alguns profissionais que trabalham com IA veem essas previsões como nada além de ficção científica, com pouca evidência até agora para sugerir que possam remotamente acontecer.

O CAMINHO QUE TRACEI RECAPITULA A EVOLUÇÃO DA INTELIGÊNCIA HUMANA, PORÉM 100 MILHÕES DE VEZES MAIS RAPIDAMENTE.
ELE SUGERE QUE A INTELIGÊNCIA DO ROBÔ ULTRAPASSARÁ A NOSSA ANTES DE 2050.

Moravec imagina quatro gerações de *Robôs Universais*, chamados assim porque estarão universalmente disponíveis, da mesma forma que os computadores de mesa estão hoje. Quando os robôs se tornarem úteis e tiverem preço acessível, Moravec prevê que serão muito mais difundidos do que os computadores. Há mais usos para robôs do que para computadores.

A PREVISÃO DE MORAVEC

1ª geração

Em 2010, os robôs feitos de máquinas com capacidade de 3 mil MIPS (milhões de instruções por segundo) serão usados universalmente. Esses robôs terão intelecto em escala de lagarto e corpo humanoide.

FAREMOS AS TAREFAS DOMÉSTICAS, COMO LIMPEZA.

2ª geração

Em 2020, a força do computador aumentará para 100 mil MIPS, abrangendo um intelecto em escala de camundongo.

CONSEGUIREMOS APRENDER COM NOSSA EXPERIÊNCIA E CONVERSA COM OS HUMANOS.

3ª geração
Em 2030, a força do computador chegará a 3 milhões de MIPS. Esse tipo de máquina pode realizar o que Moravec chama de intelecto em escala de macaco.

A 3ª GERAÇÃO DE ROBÔS CONSEGUIRÁ, POR EXEMPLO, APRENDER NOVAS TAREFAS OBSERVANDO OS OUTROS.

4ª geração
Em 2040, com as máquinas com capacidade de 100 milhões MIPS, o intelecto em escala humana estará sobre nós.

COMEÇAREMOS A CRIAR NOSSA PRÓPRIA PROLE.

Fato ou ficção? As previsões de Moravec são extremamente ousadas e muitos discordariam dele. O avanço da IA ficou muito aquém do progresso feito na construção de computadores mais avançados. Por esse motivo, as afirmações de Moravec deveriam ser consideradas como o melhor cenário absoluto.

IA: UM NOVO TIPO DE EVOLUÇÃO?

Supondo que a IA Forte seja possível e que acreditamos nas previsões de alguns cientistas conhecidos, um novo tipo de evolução acontecerá. Em vez de produzir descendentes biológicos, começaremos a produzir o que Hans Moravec chama de *filhos da mente* – seres projetados superiores a nós.

A informação é transmitida de geração para geração através de duas formas de evolução.

A **EVOLUÇÃO BIOLÓGICA** RESULTA NA TRANSMISSÃO DA INFORMAÇÃO NECESSÁRIA PARA A CONSTRUÇÃO DE UM HUMANO. ESSA INFORMAÇÃO É DECODIFICADA EM NOSSOS GENES.
A **EVOLUÇÃO CULTURAL** RESULTA NA TRANSMISSÃO DOS CONCEITOS E PRÁTICAS, COMO CIÊNCIA, RELIGIÃO, ARTE E ASSIM POR DIANTE. ESSA INFORMAÇÃO É TRANSMITIDA DE MENTE PARA MENTE ATRAVÉS DE CÓDIGOS DE ARMAZENAMENTO E DE APRENDIZADO MÚTUO.

A evolução biológica e cultural resulta em informação, persistindo de geração a geração.

Ao criar nossa própria prole, muitos têm proposto que a Inteligência Artificial pode levar à *evolução lamarckiana* de nossa espécie. Em contraste com a teoria de Darwin da evolução pela seleção natural, Lamarck propôs que a evolução permite que as características adquiridas em nossa vida sejam transmitidas às futuras gerações.

SE VOCÊ CORTAR SEU BRAÇO, ISSO NÃO FAZ COM QUE SEJA MAIS PROVÁVEL QUE SEUS FILHOS SÓ TENHAM UM BRAÇO.
A "CARACTERÍSTICA ADQUIRIDA" NÃO AFETARÁ SEUS GENES E, PORTANTO, NÃO SERÁ TRANSMITIDA À SUA PROLE.
VERDADE, MAS SUPONHAMOS QUE POSSAMOS PROJETAR EVOLUÇÃO SEM A BIOLOGIA?

EVOLUÇÃO SEM BIOLOGIA

Ao criar nossa própria prole, podemos modificar seu desenho. A habilidade adquirida de reproduzirmos nós mesmos afetará nossa evolução. Dessa maneira, a taxa de evolução poderia aumentar.

"*Um processo evolutivo se acelera porque constrói seus próprios meios para uma maior evolução. Os humanos venceram a evolução. Estamos criando entidades inteligentes em muito menos tempo do que o processo evolutivo que nos criou.*" – Ray Kurzweil

NOSSA EVOLUÇÃO PELA PRIMEIRA VEZ SERÁ SEPARADA E TOTALMENTE INDEPENDENTE DE RESTRIÇÕES BIOLÓGICAS.

A CULTURA, ENTÃO, EVOLUIRÁ INDEPENDENTEMENTE DA BIOLOGIA E COM MUITO MAIS RAPIDEZ.

"No passado, tendíamos a olhar para nós mesmos como um produto final da evolução, mas nossa evolução não cessou. Na verdade, agora estamos evoluindo com mais rapidez... com base nos tipos inventivos de 'seleção não natural'." – Marvin Minsky

Se a meta da IA de expor humanos como meras máquinas acontecer, não sofreremos mais as restrições de nossa máquina orgânica. Humanos, e as máquinas inteligentes no seu sentido mais amplo, poderiam, em teoria, evoluir além das restrições da evolução biológica.

UMA PREVISÃO

Muitos argumentariam que a visão do futuro de Moravec sobre a IA é improvável. As datas de chegada de seus robôs universais são particularmente ousadas. No início deste livro, observamos que a história da IA pode ser vista de acordo com o progresso de dois elementos de pesquisa: pesquisa sobre *robótica* e pesquisa sobre a questão geral das *capacidades cognitivas*.

OS ROBÔS ESTÃO PRESTES A FICAR VASTAMENTE DISPONÍVEIS.
GRANDES EMPRESAS, COMO A SONY E A HONDA, ESTÃO INVESTINDO PESADO EM ROBÔS ÚTEIS.

Na época em que estava escrevendo, um robô aspirador de pó de valor acessível foi lançado no mercado. A robótica está saindo do laboratório de pesquisa acadêmica e entrando no mundo da indústria global. Esse movimento promete um progresso real. É improvável que um projeto de engenharia tão avançado quanto o *Sony Dream Robot* pudesse ter sido desenvolvido em um cenário acadêmico.

COGNIÇÃO MECANIZADA

Dotar as máquinas com capacidades cognitivas é outro assunto e continua sendo um grande problema. A maioria dos profissionais de IA talvez continue a explorar a IA seguindo as rotas clássica e conexionista.

ESSAS ABORDAGENS MAIS ANTIGAS DA IA ESTÃO HOJE BEM ESTABELECIDAS.
MAS A NOVA IA, BASEADA NA OBSERVAÇÃO DE QUE ATIVIDADE INTELIGENTE É O RESULTADO DE UMA INTERAÇÃO COMPLEXA ENTRE AGENTE E AMBIENTE, DEVE CONTINUAR A GANHAR ACEITAÇÃO.

Sem as ideias da nova IA, é difícil ver de onde virão as descobertas.

O FUTURO ENCONTRO DOS CAMINHOS

Se os princípios que definem a nova IA se provarem reveladores, a IA precisará situar os agentes em ambientes mais ricos que reflitam os fenômenos tratados pelos humanos e animais. IA investiga a cognição em agentes. Ao mesmo tempo, ela não conseguiu perceber que a evolução já resolveu esse problema.

A TEORIA DA EVOLUÇÃO NOS DIZ QUE OS ORGANISMOS COGNITIVOS EVOLUÍRAM PARA RESOLVER PROBLEMAS BEM ESPECÍFICOS...
MUITOS DOS QUAIS REQUEREM UMA EXPLORAÇÃO DO AMBIENTE.

Tradicionalmente, a IA não conseguiu reconhecer a importância das interações entre agente e ambiente.

Muitos profissionais da IA estão começando a acreditar que essas interações são fundamentais. Levar essa ideia ao limite exigirá que a IA trabalhe com corpos robóticos ou micromundos mais informados. Até aqui, a IA tratou a complexidade ambiental como uma questão secundária. Os micromundos são criados usando nada além de conjeturas.

SOMENTE QUANDO A INTERAÇÃO ENTRE HUMANOS E SEUS AMBIENTES FOR COMPLETAMENTE COMPREENDIDA, A IA COMEÇARÁ A RESOLVER O PROBLEMA CERTO.
AS DUAS VERTENTES, A ROBÓTICA E A MODELAGEM COGNITIVA, DEVEM INFORMAR-SE MUTUAMENTE SE QUISEREM SE ENCONTRAR.

LEITURA ADICIONAL

Para uma boa introdução geral à Inteligência Artificial, os livros a seguir são respeitados e bem-escritos. Pfeifer e Scheier oferecem um tratamento completo e atualizado dos grandes temas em IA.

Rolf Pfeifer and Christian Scheier. *Understanding Intelligence.* Cambridge, MA: MIT Press, 2001.
Roger Penrose. *The Emperor's New Mind: Concerning Computers, Minds, and the Laws of Physics.* Oxford: Oxford University Press, 1989.

Essas duas coletâneas de artigos oferecem um caminho acessível a algumas das principais questões filosóficas.

Douglas R. Hofstadter and Daniel C. Dennett. *The Mind's I: Fantasies and Reflections on Self and Soul,* New York, NY: Basic Books, 1981.
John Haugeland (ed.). *Mind Design II: Philosophy, Psychology, and Artificial Intelligence.* Cambridge, MA: MIT Press, 1997.

Os dois próximos livros são introduções excelentes à Inteligência Artificial para aqueles interessados na IA a partir da perspectiva da programação de computador. Eles cobrem as bases técnicas da IA.

Stuart Russel e Peter Norvig. *Artificial Intelligence: A Modern Approach,* Harlow: Prentice Hall, 1994.
Nils J. Nilsson. *Artificial Intelligence: A New Synthesis,* San Francisco, CA: Morgan Kaufmann, 1998.

Os dois livros a seguir são escritos por destacados roboticistas e tem como alvo o leitor geral. Para aqueles interessados em robótica, esses livros oferecem um bom começo.

Rodney Brooks. *Robot: The Future of Flesh and Machines,* Londres: Penguin, 2002.
Hans Moravec. *Robot: Mere Machine to Transcendent Mind,* Oxford: Oxford University Press, 1999.

AGRADECIMENTOS

Henry Brighton, o autor, gostaria de agradecer Luc Steels do Laboratório da IA na *Vrije Universiteit Brussel*. Os membros da Unidade de Pesquisa da Evolução da Linguagem e Computação na Universidade de Edinburgh também ajudaram muito, principalmente Joseph Poulshock, Kenny Smith e Andrew Smith. O autor também agradece pela compreensão de Simon Kirby e Jim Hurford e pelo conselho oferecido por Anna Claybourne, Jelle Zuidema e Paul Vogt.

Howard Selina, o artista, gostaria de agradecer a Richard Appignanesi por suas ideias e sugestões e por não entrar em pânico, e à Sra. Paola di Giancroce por suas xícaras de chá, taças de vinho e passeios de bicicleta.

Índice remissivo